サムライブルーの料理人

サッカー日本代表専属シェフの戦い

西 芳照 Yoshiteru Nishi

白水社

サムライブルーの料理人

サッカー日本代表専属シェフの戦い

目次

はじめに

「お、西さん、気合いが入っているね。勝負をかけましたね」

二〇一〇年六月二十三日夜、食事会場で選手に出す夕食を準備していた私にスタッフの一人が声をかけました。

たしかに「今こそ勝負をかけるときだ」という思いで、その日は思い切って品数を増やしました。明日こそ、ぜったいに勝たねばならない戦いです。調理にはおのずと気合いが入りました。

南アフリカ北部にある街、ルステンブルグ郊外の自然公園のなかにあるホテルで、私はデンマーク戦前日の公式練習のためにスタジアムに出かけた日本代表の選手とスタッフたちがホテルに帰ってくるのを待っていました。明日、六月二十四日はワールドカップ南アフリカ大会、グループリーグの最終戦となるデンマーク戦です。日本は初戦のカメルーン戦に1対0で勝利し、第二戦の対オランダ戦には0対1で敗北しましたが、デンマークと勝ち点で並んではいたものの得失点差で上回って二位につけていました。

試合前日のスケジュールは、試合当日と同じように組まれています。試合開始時間の二十時三十分に合わせた公式練習のために、選手たちはロッジから車で十五分ほどのところにある、試合会場となるロイヤル・バフォケン・スタジアムに出かけました。

二十二時三十分ごろ、スタジアムから帰ってきた選手たちがいつもと変わらないリラックスした雰囲気で食事会場に入ってきました。その日の夕食にはウナギを用意しました。ビタミンB1、ビタミンB2とビタミンEを豊富に含み、ごはんがすすむウナギは試合前によく出すメニューです。南アフリカ大会では高地での試合が二試合組まれていたため、高地対策として鉄分を豊富にふくむ食材を使った料理を頻繁につくりました。

ルステンブルグも標高一四〇〇メートルの高地にあります。明日はしっかり走ってもらいたい、という思いから、鉄分が多いレバーを炒めて辛味噌で和えた料理も出しました。選手の皆さんの目の前で調理するライブクッキングでは、牛ヒレステーキを焼き、パスタの種類もふだんより多く用意しました。私の「勝負をかけた」という意気込みが伝わったのか、選手は皆、旺盛な食欲でたいらげてくれました。この時点ではまだ選手たちの間にぴりぴりした緊張感はなく、むしろ笑い声まで聞こえて、なごやかな空気が漂っていました。

そして試合当日の六月二十四日。十六時三十分からおにぎりやうどんなどの軽食をとったあと、ミーティングがありました。終わって部屋から出てきた選手たちの表情は、それまでとがらりと変わっていました。笑顔は消え、視線は鋭くなり、「闘う顔」になっていたのです。サブメンバーの選手たちもふくめ、全員が「ぜったいに勝つ！」と身体全体から強い闘志をみなぎらせていました。彼らがこの試合にかける気迫が私にも伝わってきました。

私もサポートスタッフとともにスタジアムに入り、ロッカールームからピッチに向かう選手たちを見送ったあと、サブメンバーや監督、コーチが座るベンチの後ろにある席で試合を観戦しました。一点目となった本田圭佑選手のフリーキックが決まったとき、跳びあがって隣にいたスタッフと抱き合いました。遠藤保仁選手のフリーキックがゴールして二点目が入ったときには、勝利を確信しました。さらに岡崎慎司選手の三点目のゴールが決まったときには、喜びがはじけました。試合後、ピッチから引き上げていく通路で選手たちを出迎えました。中澤佑二選手が私の顔を見てやってくると「西さん、やったよ！　やりました！」と言ったので、思わず抱き合いました。阿部勇樹選手は涙を流しながら私の手を強く握り「西さん、やりました」としぼりだすように言い、私も強く握り返しました。

選手たちがロッカールームに引きあげたのを見届けて、私は急いで宿泊しているホテルに帰りました。夕食の準備をするためです。試合後の夕食には必ずカレーとアイスクリームを出します。野菜がたくさん入ったカレーはビタミン類を多く摂ることができ、ごはんもしっかり食べられ、試合後の疲労回復に効果があるだけでなく、疲れている選手にとっては食欲をそそるメニューなのです。またふだんは甘いものを控えている選手たちも、試合後にはアイスクリームで元気を取り戻しています。

食事会場にあらわれた選手たちの表情からは、グループリーグを突破したという喜びや安堵感はもう消えていました。リラックスはしていましたが、それ以上に「つぎだ、つぎ！」というあらたな闘志がわき起こっているようでした。

その様子を見て私も再び闘志を燃やしました。

さあ、決勝トーナメントだ！

日本から持参した食材が残り少なくなったので、あらたに手配しなければなりません。うれしいことに、選手たちとともに、私の厨房でのワールドカップの戦いはまだ続くのです。

私、西芳照は福島県にあるナショナルトレーニングセンター、Jヴィレッジで総料理長をつとめています。Jヴィレッジは福島県、日本サッカー協会・Jリーグと東京電力がパートナーシップを結んで一九九七年に誕生したスポーツ施設です。天然芝のフィールドやフットサルコート、トレーニングコートやスタジアムを備え、宿泊設備が整った施設で、サッカーだけでなくさまざまなスポーツ関係者の方々にご利用いただいています。JリーグやJFLをはじめ多くのサッカー選手や選手をめざす学生たちが合宿やトレーニングキャンプを行なっているので、サッカーに興味のある人ならきっと聞いたことがあるでしょう。私はそこにあるレストランで料理をつくる仕事をしていますが、ふとした縁で日本代表が海外遠征するときに専属シェフとして帯同するようになりました。

二〇〇四年三月三十一日にシンガポールで行なわれたワールドカップドイツ大会アジア地区予選が初の帯同です。以来、日本代表とともに七年にわたり、五十回以上の海外遠征試合を経験しました。ワールドカップもドイツ大会と南アフリカ大会にシェフとして帯同し、選手やスタッフの皆さんに食事を提供してきました。

南アフリカ大会で日本代表は決勝トーナメントに進出するという快挙を成し遂げました。チームはベスト4を目標にしていましたから、ベスト16でワールドカップが終わってしまったことで悔しい思いは残っています。しかし、五月二十一日に日本を出発してスイス合宿に入ってから一カ月以上、体調を崩す選手も大きな怪我をする選手も一人も出ず、どの試合でも全員が自分の持っている力を全部出し切ることができたことで、選手はもちろん監督やスタッフも皆「やれることはやりきった」という満足感がありました。岡田武史監督はパラグアイ戦が終わって日本に帰国する前の記者会見で、「一ヵ月以上、熱を出す選手も、おなかをこわす選手も一人も出なかったのは奇跡だ」とまでおっしゃいました。

もちろん「奇跡」を起こしたのは、選手一人ひとりの心がけ、環境面でのスタッフの配慮や同行したメディカルスタッフの尽力があってのことです。そして、七年間専属シェフとして遠征に帯同してきた私の経験も、少しは役に立ったのではないかと思っています。

サッカー日本代表の選手たちのためだからといって、特別に豪華な料理をつくっているわけではありません。ただ、選手たちがしっかり食べられて、試合で十分に力が発揮できるように心を配って料理しているだけです。海外遠征先で選手の皆さんに出す食事では、栄養や衛生に関する知識を持ってつくることも重要なのですが、同時に海外で試合をする際の緊張感をほぐし、身体的にも精神的にもコンディションが整えられるように、楽しく食べてもらうことが重要だと思っています。

「食」という字は、「人を良くする」と書きます。食べることは身体の状態を維持するだけではなく、人の心を支え豊かにします。ワールドカップ南アフリカ大会では、スイス合宿中から食事会場の雰囲気がとてもよく、選手たちは毎回楽しく談笑しながら食事をしていました。その光景を見ながら、私は今回のワールドカップでは必ずいい成績をおさめるだろうとひそかに思っていました。楽しんで食事ができたことでよい体調が維持でき、試合で力が発揮できたのではないでしょうか。

この本には七年間にわたるサッカー日本代表海外遠征帯同シェフとしての私の体験を書いています。環境や食習慣の異なる外国で試合をする選手たちのために、どのようにメニューを決めているのか？ 試合前後の食事にどんな配慮をしているのか？ また厨房から見た選手やスタッフの方々の様子などをつづっています。二〇一〇年ワールドカップ南アフリカ大会、また二〇一一年一月にカタールで開催されたＡＦＣアジアカップ２０１１で日本代表に熱い声援を送ってくださった方々には、トップクラスの選手たちが、ふだんからどのように食事に気を配ってコンディションを整えているかを知っていただきたいと思います。

また、Ｊヴィレッジでスポーツをする人たちに食事を提供している経験をふまえて、毎日、元気に楽しく身体を動かすための食事づくりについて、料理人として私がどんなことを心がけているかも記していきたいと思っています。スポーツを楽しむ方々にとって、この本が身体と心をつくる上で重要となる食生活のヒントになれば望外の喜びです。

第一章 —— サッカー日本代表専属シェフになる

山の幸海の幸に恵まれた福島で育つ

福島県北部に位置する小さな町、小高町（現在の南相馬市）、そこが私の故郷です。私は高校教諭の父と専業主婦の母との間に、長男として生を受けました。故郷は豊かな自然が残る田園地帯にあります。山では春にはわらびなどの山菜、秋には香茸や松茸などキノコ類がとれ、海に目を向ければ良質のヒラメやスズキの水揚げで有名な請戸漁港があります。山の幸にも海の幸にも恵まれた土地です。

実家は兼業農家で、今でも両親が丹精込めて米をつくっています。私も子どものころ、休みの日や放課後に遊んでいる友だちをうらやましいなと横目で見ながら農作業を手伝っていました。中学生のころは、作業をしている姿を友だちに見られるのが恥ずかしくてたまりませんでした。思春期で格好を気にする時期ですから、農作業なんて「かっこ悪い」ことをしている姿を友だちに見られるのが嫌だったのです。

しかし、料理の仕事に携わっている今となっては、その経験がたいへん役立っています。今でも耕起、種まき、田植え、稲刈りといった農繁期には実家で作業の手伝いをしています。そして田んぼに立つたびに、食べ物をつくる環境で育ててもらったことを感謝しています。

日本一の料理人をめざそう！

高校卒業後、大学受験に失敗した私は上京し、予備校に通い始めました。興味本位に飲食店でアルバイトを始めたのですが、それが自分でも予想外に性に合っていたのです。最初はアルバイトのつもりだったのに、半年もたたないうちに居酒屋に正社員として入社し、その後は料理人として本格的に修業を始めました。大学進学をすすめていた両親は、当然ながら私が料理人を志望することに反対しましたが、料理を一生の仕事にする、という私の決意は変わりませんでした。それ以来今まで「自分にとって料理は天職だ」という気持ちは変わりません。

家族の期待を裏切った、という思いもありましたから、一流の料理人になる、と心に決め、「志したからには日本一を極めよう」という強い気持ちで修業に励んでいました。和食の真髄を知るために茶道を習い、懐石料理についても勉強しました。アポなしで赤坂にある日本全職業調理士連合会を訪ね、当時の会長だった小倉久米雄さんに弟子入りを申し込む、という大胆なこともやりました。突然訪ねていったにもかかわらず、会長は京懐石「よこい」を紹介してくださり、私は横井のおやじさんのもとで五年間働きました。修業は辛いこともありましたが、今はいい思い出しか残っていません。「煮方」「焼方」など厨房での役割が変わっていくにつれて、毎日覚えなくてはならないことがどんどん増え、自分のものにすることに夢中になっているうちに、あっという間に五年がたちました。

修業時代にかぎらず、私はどんな仕事でも「楽しくやろう」と心がけています。先の話ですが、ワールドカップ南アフリカ大会が終わったあとで、岡田武史監督から「西さんはいつも楽しそうだね。怒った顔や疲れた顔、悩んでいる顔を見たことがないよ」と言われました。おめでたい人だと思われていたのかもしれませんが、おそらくこれは岡田監督からの賛辞だろう、とありがたく受け止めています。

料理をつくるのは楽しい。この仕事は楽しい——どこで働いても、どんなことがあっても、ずっとそういう思いでやってきました。

その後、都内の懐石料理店で料理長もつとめましたが、今でも「よこい」で働いていた当時のお客様や買い出しに行っていた八百屋のおばちゃんとは連絡を取り合って仲良くさせてもらっています。「よこい」での修業は終わりましたが、料理人としては一生修業の身です。

Jヴィレッジの料理人に

一九九七年、実家で正月を過ごすために帰省したときのことです。楢葉町にホテルがオープンすると両親から聞いて、四〇キロ離れた町の役場へ車を走らせました。そこには一枚のポスターが貼られていました。

「一九九七年七月　福島県双葉郡楢葉町にJ−Ｖｉｌｌａｇｅ　オープン　職員募集」

福島県に原子力発電所を置き首都圏に電力を供給している東京電力が、県の地域振興に貢献する目的で、福島県、日本サッカー協会・Jリーグをパートナーとして、日本初の総合的なスポーツ施設を建設していました。天然芝のフィールド、トレーニングフィールド、観客席も備えたスタジアム、フットサル場、テニスコート、フィットネスクラブ、そしてホテル並みの宿泊設備も備えた施設だと聞きました。サッカーやラグビーなどの球技だけでなく、陸上のフィールド競技の選手たちの練習場としても利用できる高い水準の設備を誇るそうです。

当時三十五歳、結婚して二人の娘がいました。小学五年生と二年生の娘たちを、豊かな自然のなかで育てたい、という親としての思いもあり、何より、これまで期待を裏切って迷惑をかけてきた両親がいる故郷の福島に戻ってきたい、という気持ちが応募を強く後押ししました。

Jヴィレッジの開設事務所は東京の新橋にあると聞き、正月休み明けに東京に戻るとさっそく訪ねました。地元福島県の出身であることと、「やるからには地元で一番のホテルにしたい」と力説した熱意を買っていただいたのか、すぐに採用の通知をいただきました。役場のポスターを見て思い立ってから話はとんとん拍子で決まり、その間に一度も迷いはありませんでした。

スポーツ選手たちのための食事づくり

Jヴィレッジのレストランはエームサービス株式会社というフードサービスの会社が運営しています。そこで私はエームサービスの社員として、Jヴィレッジ事業所に配属されることになりました。一九九七年五月、開設準備のために福島に戻ってさっそく仕事を始め、その年の七月にオープンしたJヴィレッジで現在も働いています。

福島県中部にあるJヴィレッジは、都内から車では三時間ほど、JRを利用すると上野から広野という最寄り駅まで特急で二時間半の距離です。関東方面からいらしたお客様は「意外に近い」とおっしゃいます。

施設は、小学生から日本代表をはじめとするプロ選手まで、スポーツ選手たちが合宿に利用することが中心ですが、ホテルやレストランは一般の人たちも利用できます。

レストランは開設当初、主菜、副菜、ごはん、味噌汁をセットにした定食のメニューだけで提供してきました。

そのときもっとも重視していたのが「どうやって必要なカロリーを摂取してもらうか」ということでした。たとえば中学生から高校生のスポーツ選手の場合、サッカーやラグビーなど激しい運動をしている男子なら一日三五〇〇〜四五〇〇キロカロリーが必要です。女子でも、男子の八割程度のカロリーが必要だと言われています。しかし食事はただカロリー数を満たしていればいい、というわけではなく、栄養のバランスがとれていることも非常に重要です。何品か取り揃えてバランスよく必要なカロリーが摂れるように、管理栄養士と相談しながらメニューを組んでいました。

中学生・高校生男子のスポーツ選手向けに出していたセットメニューでは、主食のごはんやパスタを毎食一五〇グラム以上、肉、魚、卵を使った主菜を最低二品、副菜を三品、サラダの大盛りを添えるという品目数で提供していました。また男子と女子とでは必要とする栄養価が変わることも考慮していました。たとえば女子選手の場合には鉄分とビタミンの補給も考えて、ひじきや貝類を上手に取り入れたメニューを組みました。

ビュッフェスタイルに切り替える

二〇〇六年にレストランで食事を提供する形式を、セットメニューからビュッフェスタイルに切り替えました。理由の一つは、セットメニューだと、中学生以上の男子たちから「もっと肉が食べたい」とか「おかずの量が物足りない」という不満の声をよく聞いたことです。もう一つの理由は、一〜二泊の合宿で利用する子どもたちが、セットメニューのなかの嫌いなおかずを残して食べないことが多々見受けられたからです。

滞在中、必要とされる栄養をまんべんなく摂れるように理想的な食事を提供したところで、短い期間ではそれほどの効果は期待できません。ごはんだけは自由におかわりできるようにしていましたが、嫌いなおかずを残して、ごはんだけをおかわりする子どもたちが見受けられ、栄養バランスがかえって偏ってしまう、と懸念していました。

それならば、好きなものを喜んで楽しく食べ、スポーツでの緊張をほぐし、疲労を軽減させるような食事のほうがずっといいと考え、ビュッフェスタイルに切り替えたのです。また、ビュッフェスタイルは、どんなメニューを組んで食べれば自分の身体に効果があるのかを選手一人ひとりが考える習慣をつけるためにも、よい機会だと思っています。実際、日本代表クラスの選手になると、ビュッフェスタイルで好きなものを好きなだけ食べられるとしても、つねに自分の体調と相談しながらその日食べるものを選んでいます。自分の身体や精神のコンディションと相談しながら食べる、という食習慣を身につけることは、スポーツ選手にとって大事なことだと思います。

運動をする人はふつうの生活をする人よりも多くのカロリーを消費しますから、それを補う分を摂取しなくてはなりません。中学二年生以上のスポーツ選手は、スポーツをしない人の一・五倍の量を食べるとされています。Jヴィレッジでは、ビュッフェで好きなものを好きなだけとっていても、必要な栄養がバランスよく摂れるように工夫し、かつおいしく楽しんで食べられることを念頭に置いてつくっています。

ちなみにJヴィレッジのレストランの名物メニューは「すいとん」です。Jヴィレッジがある楢葉町では、昔からゴボウ、人参、椎茸、ネギ、鶏肉を具にし、小麦粉団子を入れたすいとんがよく食べられ、名物郷土料理の一つになっています。一九九九年には「すいとん創作料理コンテスト」が開催され、グランプリをとったすいとん料理をアレンジして、Jヴィレッジで出すようになりました。二〇〇一年にサッカー日本代表監督としてJヴィレッジを訪れたフィリップ・トルシエ監督がとても気に入った、というエピソードもあります。トルシエ監督に命名をお願いしたところ、故郷のおばあちゃんがつくったスープのようだ、というので「マミーすいとん」と名づけられました。野菜がたくさん入り、炭水化物も摂れて栄養バランスがよく、身体も心もあたたまるすいとんは、どの年代のお客様にも人気の料理です。

天皇皇后両陛下に福島名産品の料理を

Ｊヴィレッジがオープンして二年後、一九九九年には総料理長に就任し、全体を監督して切り盛りするようになりました。

その年の十月には、天皇皇后両陛下が「全国豊かな海づくり大会」で行幸された際に、Ｊヴィレッジに宿泊なさり、料理をお出しするという栄誉を授かりました。福島県庁より「福島の産物をお出ししてほしい」という要請があったので、地元の山の幸と海の幸を駆使したメニューを考えてお出ししました。

たとえば前菜には、サンマの刺身で有名な福島の四倉にちなんだサンマの寿司、また地元の木戸川で古くから保存食として食べられてきた錆鮎（錆びた色をした落ち鮎）の甘露煮など、焼物では、会津本郷の窯で焼いたニシン鉢に炭を入れてアワビやホッキ貝と松茸を焼いたもの、揚物では、イノシシの鼻のような形をした香りの強い香茸や、地元では青畑豆と呼ばれる大豆と小芋を使い、水菓子にはＪヴィレッジがある楢葉町でとれた柚子のアイスをお出ししました。すべてのメニューに地元産の食材を使い、福島で古くから食べられてきた料理法や味つけに近づけておつくりしました。器にもこだわって、会津本郷焼、相馬焼などの陶磁器をはじめ、会津塗の茶器など、福島の名産品でお出ししました。

両陛下は、青々とした天然芝のフィールドが見渡せる部屋でお食事を楽しまれました。翌朝、朝食をすまされたあと、エレベーター前でお見送りした私に、美智子妃殿下が「おいしかったですよ」とやさしくお声をかけてくださいました。ありがたいお言葉を光栄に思いました。

南米選手の間で評判になったJヴィレッジの料理

Jヴィレッジを利用するのは日本人だけではありません。二〇〇二年の日韓ワールドカップでは、アルゼンチン代表チームがキャンプ地として利用しました。それがきっかけになったのか、パラグアイ、ペルーやコロンビアのサッカー代表チームが日本に親善試合に訪れたとき事前合宿で利用してくれます。海外のチームから予約が入ると、その国の郷土料理を調べ、多少なりともその国らしさを感じてもらえるような料理を出すように努力しています。

南米の選手たちが訪れたときに出すと喜ばれるのが、ステーキです。それも焼き加減を聞いてから目の前で焼き、好みの味つけで出すと喜ばれます。南米の人たちは肉が大好きですし、肉の食べ方や味わい方もよく知っていると思います。実は南米の選手たちへのサービスで始めた「お客様の目の前で調理して出す」という調理スタイルを、日本代表の海外遠征先でも取り入れて好評をいただいています。

現場の声を反映させる食事づくり

スポーツ施設で働くまでは、とくに栄養学を意識して食事をつくることはしていませんでした。しかしJヴィレッジで料理をするようになってからは、管理栄養士やトレーナー、選手たち自身から、スポーツ選手が必要としている栄養などについて話を聞いたり、本や資料で調べたりしながら知識を蓄えていきました。筋力、瞬発力、持続力のそれぞれを向上させるために、食事のメニューをどう変えるか、ということについてもくわしくなりました。

最近ではスポーツ選手自身だけでなく、スポーツをするお子さんを持つ親御さんたちも栄養に関してしっかりした知識を持っている方が増えてきて驚かされます。なかには子どもがサッカーをしているか野球をしているか、加えてどのポジションでプレイしているかまで考えて食卓に並べるものを決めている、というお母さんたちもいます。食べることを通して身につける子どものころからの生活習慣が、成長して自立した生活を送るようになってからの選手生活に大きな意味を持つのです。

Jヴィレッジで日々、スポーツ選手たちのための食事をつくり、選手から聞いた意見をすぐに現場で反映できるのはありがたいことです。練習前にはどんなものが食べたいか？　練習後、疲れたときに身体が求めるのはどんな食事か？　今でもJヴィレッジでは、スポーツ選手たちの生の声に耳を傾けて食事をつくることを心がけています。

日本代表海外遠征帯同シェフを打診される

二〇〇四年三月のことです。アラブ首長国連邦（UAE）の首都、アブダビで開かれていたアテネオリンピックアジア地区最終予選、UAEラウンドに出場していたU23日本代表チームの選手たちが、つぎつぎと腹痛に見舞われて体調を崩す、という事件が起きました。三月一日から五日までの五日間で三試合というハードスケジュールだったことも原因だったのでしょうが、それ以上に滞在先における衛生面で何か問題があったのではないか、という疑いがありました。選手たちは下痢や腹痛に見舞われ、ピッチに立つのもやっと、という状態で試合に臨まなくてはならなかったのです。(それでもバーレーン戦こそ0対0の引き分けでしたが、対レバノン戦は4対0、対UAE戦は2対0と勝利しました)

そのすぐあと、二〇〇四年三月三十一日にシンガポールで、ワールドカップドイツ大会アジア地区一次予選の対シンガポール戦が行なわれることになっていました。UAE遠征で選手たちが体調不良になった「事件」を重く見た日本サッカー協会は、A代表の海外遠征にシェフを帯同させることを決め、Jヴィレッジに派遣を依頼してきました。そしてJヴィレッジでの実績から、私に海外遠征時に帯同するシェフになってくれないか、と打診がありました。

それまでもサッカー日本代表チームが海外遠征をするときにシェフが帯同した例はあります。一九九五年に始まったワールドカップ予選のときから一九九八年のフランス大会まで、海外遠征には野呂幸一さんというシェフが帯同していました。また一九九九年、フィリップ・トルシエ監督の時代に招待参加した南米選手権のときにもシェフが帯同していました。

シェフが海外遠征に帯同するかどうかは、監督からの要請がある場合と、日本サッカー協会のスポーツ医学委員会で決定される場合とがあります。海外への長期にわたる遠征で、選手がコンディションを整えられるよう食事を提供し、何よりも衛生面をしっかりチェックして食中毒にかかる選手を出さないように管理する必要があるかどうか、ということがシェフの帯同を決める判断のポイントになります。通常は、シェフが帯同するのはA代表のチームだけですが、一九九九年、ナイジェリアで開催されたワールドユース（当時行なわれていた二十歳以下による大会で、日本は準優勝）にはシェフが帯同しました。アフリカの地での衛生面と食事面での不安を考慮しての判断でした。

二〇〇二年の日韓共催ワールドカップを機に、日本サッカーの強化がはかられ、それにともない各年代の代表もふくめて日本代表チームが海外遠征する機会が増えました。選手たちが海外でもストレスなく万全の準備をして試合に臨めるように、サポート体制の強化も進められました。ただ、二〇〇二年のワールドカップは日本で開催されたので予選が免除され、アジアで試合する機会はあまりありませんでしたし、大会期間中もチームは日本にいますから、食事については問題がありませんでした。そのようなわけで代表チームがシェフを帯同することはしばらくなかったのです。

第一に求められたのは衛生管理

日本代表チームにとって海外遠征にシェフが帯同するのは久しぶりとなります。日本サッカー協会技術委員会の野見山篤委員長（当時）に最初に頼まれたのは「滞在先のホテルでの食事の衛生面にくれぐれも気を配ってほしい」ということでした。

やや専門的な話になりますが、食品をつくる過程における衛生管理の国際的な管理手法HACCP(Hazard Analysis and Critical Control Point 日本語の読み方としてはハサップもしくはハセップ)について説明しておきます。ハサップとは、食品を製造・加工する工程で、食中毒や異物混入などを起こす要因を分析し、ポイントを洗い出して効率的にチェックしながら衛生管理する手法のことです。環境がちがう国や地域でも、ハサップに従って食品を管理すれば安全な食品を提供できます。たとえばハンバーグをつくる際には、肉をこねるとき、また形整するときの手や調理器具の衛生、焼くときの温度、といった問題になりやすいポイントを順にチェックしていくよう示されています。

ハサップで示されている管理手法は、レストランの厨房で食材を扱う人にとってはあたりまえのことばかりです。食材を扱う際には必ず手を洗う。肉を切った包丁やまな板を洗わないで、サラダ用の生野菜を切ったりしない。ハンバーグなどの加熱温度には十分に注意する。肉類と野菜類の管理場所を区別する、といったことです。管理のためのポイントは食物の取り扱いだけでなく、調理器具や厨房の衛生管理や食物の貯蔵管理にも及んでいます。この管理手法を忠実に実行すれば、食中毒が起こる確率はかぎりなく低い、というくらいこまかく徹底したものです。

日本ではホテル、病院、食堂、社員食堂ではほぼ完璧にハサップを守っていますし、欧州諸国でもほぼ忠実に守られています。しかし、世界のなかには一流ホテルといえどもハサップが徹底されていないところもまだ多い、と言わざるを得ません。これは生活習慣と厨房での仕事に対する考え方の相違も起因するのではないか、と私は思っています。

日本代表の海外遠征に帯同するにあたって、日本サッカー協会がシェフの私に求めているのは、このハサップが守られているかをチェックしながら衛生管理をすることでした。日本で日常的に行なっている衛生管理をすれば大丈夫だ、と私はそれほどむずかしく考えずにお引き受けしました。

栄養と食欲増進を考えた和食メニューを

選手が口にするものに対する衛生管理が根底にあり、そのつぎに帯同シェフに求められたのが、栄養を考え、食欲を落とさない食事を提供することでした。

まず十分な健康が保てるように、バランスよく栄養のある食事をすることは言うまでもありません。しかし世界のトップクラスの選手と試合をする一流のプロ選手として活躍するためには、普通の人が健康に生活するための栄養やカロリーだけでは足りないところがあります。試合で十二分にパフォーマンスを発揮できる体力を養い、少々身体をぶつけられても怪我をしない身体をつくるためには、日頃から食事で摂取する栄養に気を配らねばなりません。

明治製菓はアスリートのための栄養学を研究して栄養補助食品を製造販売しています。日本サッカー協会は二〇〇二年のワールドカップ日韓大会のときから、明治製菓のザバススポーツ&ニュートリション・ラボの顧問である杉浦克己先生と、ザバスの販売普及会社ニューレックスの社員で、管理栄養士の菅泰夫さんに食事の栄養面についてのアドバイスをもらっていました。二〇〇二年ワールドカップのときには、管理栄養士である菅さんがチームに帯同し、選手の食事の管理をしていました。

日本代表が海外遠征で滞在するホテルが決まると、日本サッカー協会のスタッフがホテル宛てに、ザバススポーツ&ニュートリション・ラボの協力を得て作成したメニューのサンプルを送ります。

基本となる朝食メニューの例をあげます。飲み物にはリンゴ、オレンジ、グレープフルーツの果汁一〇〇パーセントのジュース、ミネラルウォーター、低脂肪牛乳、コーヒー、紅茶(スライスしたレモン、ミルク、砂糖、ノンカロリー・シュガー)。パンは最低四種類(マーガリン、バター、フルーツジャムを添える)。サラダは四種類のフレッシュ野菜(日替わりで種類を変える)、ミックスサラダ。スープは味噌汁と西洋風スープ。ごはん、パンケーキ。ホットディッシュとしてボイルしたハムとソーセージ(ベーコンは不可)、温野菜(三種類以上。種類は日替わりで)、マッシュポテトかこんがり焼いたブラウンポテト、卵料理、魚料理(種類は日替わりで)。コールドディッシュとしてチーズ(三種類以上)、冷製ハム、ピクルス、果物(三種類以上)、プレーンヨーグルト、コーンフレークス。

私が帯同するまでは、この基本メニューにしたがって、現地シェフが調理してビュッフェスタイルで出していました。選手、監督、スタッフたちが、食べたいものを選んで好きなだけ食べられるようになっていて、栄養面から見ても、量的にも十分です。

　最初に海外遠征帯同を依頼されたときには、日本サッカー協会でアスレティックトレーナーをつとめる早川直樹さんから、基本メニュー以外に和食を一品つくってほしいと言われました。滞在先のホテルで出されるビュッフェではどうしても西洋風の料理が中心になってしまうので、肉じゃがや魚料理など、選手が日常的に食べている和食のおかずをつくってくれれば食欲が増すのでお願いしたい、ということでした。アスレティックトレーナーは、選手とスタッフの健康管理と選手のコンディション管理を担当していて、早川さんは一九九九年から代表の遠征に帯同しています。シェフが帯同しない海外遠征では、早川さん自身が現地滞在先の厨房に入って衛生管理をチェックしていたそうです。

　エネルギーとなる炭水化物を摂ること、とくにごはんをしっかり食べることがサッカー選手にとっては非常に重要だ、ということはJヴィレッジでの経験からよくわかっていました。私が帯同する以前の海外遠征時にも、ごはんがたくさん食べられるようにと、旅行会社の担当者がふりかけを持参していた、と聞きました。そこでよりしっかりごはんが食べられるような和食の料理をつくろうと、醬油、みりんと酒を用意し、はじめての遠征に旅立ちました。

初遠征帯同先は暑いシンガポール

　二〇〇四年三月二十五日、私はサッカー日本代表の海外遠征の手配を行なっている西鉄旅行の担当者、松本健一郎さんとともに、日本代表より一足早く日本を出発しました。

到着後、すぐに滞在先となるホテルの厨房スタッフと打ち合わせをしました。一流ホテルのレストランの厨房ですから、シェフをはじめ厨房スタッフは皆仕事にプライドを持っています。いきなりやってきた日本人のシェフから「厨房を使わせてください」と言われると、あまりいい気分ではないだろう、と自分が逆の立場に置かれたときを想像して一抹の不安を覚えました。ましてや私はあまり英語が得意ではないので、コミュニケーションに不安があります。最初に松本さんがいろいろ通訳してくれましたが、実際に作業するときには私一人でがんばるしかありません。

とくに衛生管理をチェックすることは、私に課せられた仕事であるとはいえ、ホテルの厨房スタッフにしてみれば自分たちがふだんやっているやり方に注文を出されるわけで、不愉快に思う人もいるでしょう。

しかしこのとき救われたのが、スタッフの皆が日本代表チームのファンだったことでした。中田英寿選手や中村俊輔選手はシンガポールでも有名なスター選手で、そのおかげでホテルのスタッフたちは日本代表チームにも親近感を抱いていて、私自身もとても好意的に受け入れられたのです。最初の遠征帯同とあって、緊張で身構えていた私もすっと肩の力が抜けました。無理な要求に対しても気持ちよく応じて、何事も協力的な姿勢で取り組んでくれたことで、ずいぶんと助かりました。

シンガポールでもサッカーが国民的な人気を有するスポーツの一つで、日本代表チームが彼らの憧れであると知ったことも、新鮮な驚きでした。

水の管理を徹底する

シンガポールは想像していた以上に暑く湿度が高いところでした。ホテルの厨房の室温は二十七度もあり、細菌が増殖しやすい環境にありました。ホテルの厨房スタッフが菌の繁殖を抑えるために、使用した包丁とまな板を冷蔵庫に入れるのを見たときは「なるほど、やるな！」と感心したものです。

私がとくに目を光らせたのが生野菜の取り扱いです。日本サッカー協会のスタッフからは「とにかく水には気をつけてほしい」と頼まれていました。選手の口に水道水が入ることがないよう、サラダにする野菜は水道水でていねいに洗ったあとしっかりと水切りをし、最後に安全が確認されたミネラルウォーターで洗い直す、というふうに徹底しました。現在でも中東やアジア地域のホテルでサラダをつくるときにはこの洗い方を実行し、現地のシェフにも同じやり方でサラダをつくってもらうように頼みます。

また現地で購入した豆腐にふくまれる水も危険なので、冷や奴にするときには、まずゆでて殺菌してから冷やすようにしました。氷も使いません。冷やしうどんをつくるときには、乾燥麺をゆでてから、水の入ったペットボトルを凍らせて氷がわりにして冷やしました。今でも遠征先の環境によってはこのやり方を守っています。

地域によっては、歯を磨いたあと口をゆすぐときにも必ず安全なミネラルウォーターにするよう、日本サッカー協会のスタッフが選手たちに厳命することもあるそうです。海外遠征においては、それくらい水の扱いには神経を使っているのです。

ライブクッキングをスタート

シンガポールのホテルでは、夕食がスタートする一時間前にはすでに調理を終えて、サラダなど冷たい料理は冷蔵庫に、パスタや肉料理、魚料理などあたたかい料理は温蔵庫に入れられました。選手が食事会場に来る直前に並べ、冷たい料理は冷たく、あたたかい料理はあたたかいまま食べられるように、と配慮されていました。

ところが、食事会場の隅で私が見ていると、選手たちは肉にもパスタにもほとんど手を出しません。プレートの前に立って数秒間眺めているのですが、手をつけないでいってしまいます。私ははたと気づきました。一時間以上前に調理され、のびたパスタやぱさついた肉は、たとえあたたかくてもおいしくありません。遠征に行っているのであって観光ではないのだから、そんなぜいたくなことを言っている場合ではないだろう、栄養が足りているのだからいいではないか、という意見もあるかもしれません。でも、食事をする目的は単に栄養をとるだけではありません。緊張した時間が続く海外遠征の期間中、皆でそろってとる食事はほっとリラックスできる数少ない機会なのです。選手たちが食事を楽しみにしているとわかった私は、できるだけ一番おいしい状態で提供し、おいしいと喜んで食べてもらいたい、と考えました。そこで日本サッカー協会のスタッフに相談し、「食事会場で調理したい」とホテルに申し入れました。これが今も続く「ライブクッキング」の始まりです。

ビュッフェテーブルの一隅にコンロを並べ、選手たちの目の前で、彼らの注文を聞いてからパスタやうどんをゆでたり、肉を焼いたりといった調理をする――これがライブクッキングです。Jヴィレッジに南米の選手が滞在したとき、ステーキを選手たちの目の前で焼いて出して好評だったことがヒントになりました。

シンガポールのホテルでは、煙が出るものは消防法の関係上むずかしい、ということだったので、まずうどんをゆでることから始めました。試合前の軽食で、選手の目の前でうどんをゆでて出すと、これが大好評でした。あたたかいゆでたてのうどんが食べたい、と行列ができたほどです。

そこでつぎの海外遠征時から、パスタの麺をゆでて、選手一人ひとりのリクエストに応えて目の前でつくることも始めました。するとそれまでパスタのプレートの前を通り過ぎていた選手たちが、皿を持ってライブクッキングのテーブルの前に行列するようになったのです。「トマトソースとクリームソースのどちらかを選べますよ」と言うと、目を輝かせて「それではトマトソースでお願いします。ツナも入れてくれますか?」と言う人もいれば、「ペペロンチーノでお願いします。でもオイルは少しだけにして」と言う人もいます。辛さも好みを聞いて調節することにしました。「あまり辛くないのにしてください」「いや、俺は辛いのがいいなあ」などのリクエストがいろいろと出て、好みの味を選べることで食欲がいっそう増したようでした。実際「ライブクッキングで何をつくってもらうかを考えるだけで、食事がますます楽しみになる」と選手の皆さんからよい反応をいただき、そばの三たてではありませんが、やはりつくりたてにかなう料理はないと再認識しました。

現在も、朝食、昼食、夕食、そして試合前の軽食と、提供するすべての食事でライブクッキングを実施しています。海外遠征時には、ホテル側と交渉して必ず行なうようにしています。朝食では「目玉焼きを一個だけ。半熟くらいでお願いします」と言う選手もいれば、「ハムと野菜を入れて、なかが半熟のスクランブルエッグで」とリクエストする人もいます。

昼食と夕食では必ずパスタを調理し、肉や魚を焼いたり、ラーメンやうどんをつくったり、とライブクッキングで出すメニューも増えました。のちに中村俊輔選手から「西さんのライブクッキングは画期的だった。できたてのパスタやうどんが食べられるなんて、それまでの海外遠征の食事では考えられなかった。あれをやるようになってから日本代表の食事はがらりと変わったね」と言われました。そんなふうに言ってもらえると励みになって、ライブクッキングでのメニューをもっと増やそう、といろいろとアイデアをひねりだしています。

ジーコ監督が絶賛!

ライブクッキングを喜んでくれたのは選手だけではありません。当時のジーコ日本代表監督をはじめとするブラジル人スタッフは、「ゆでたてのパスタと焼きたての肉が遠征中に食べられるとは！」とライブクッキングを大歓迎してくれました。

日本人だけでなく、ブラジル人にも一人ひとりパスタと肉料理に対してこだわりがあります。だから目の前で焼き加減や味つけが料理人に注文できて、しかも焼きたてのステーキが食べられるライブクッキングには目を細めて喜んでもらえました。少し先の話ですが、ワールドカップドイツ大会の滞在先のホテルを決めるとき、ジーコ監督が出した唯一の条件が「ライブクッキングができること」だったそうです。「あたたかいできたての料理を食べてもらいたい」という気持ちから始めたものの、もしかするとスポーツチームの食事にはそこまで求められていないのかもしれない、と懸念するところがありました。しかしジーコ監督にそこまで気に入っていただけたと知って、提案したことが受け入れられて安堵すると同時に、より喜んでいただけるようにがんばろう、とますます意欲をかきたてられました。

交流の場ともなるライブクッキング

もう一つ、ライブクッキングでは思いもかけない効用がありました。注文を受けているときやつくっているときに、選手や監督、スタッフ一人ひとりと、短い時間ですが会話をする機会が生まれたことです。調理しながら対面で話すことによって私と選手やスタッフとの距離が縮まり、それまでお客様としてとらえていた選手やスタッフたちに対して、同じチームの仲間という意識が高まりました。

たとえば「今日は刺激的なものが食べたい気分だから、パスタを思い切り辛くしてください」と選手からリクエストがあると、「何かあったんですか?」とそのときの気持ちを聞くようになりました。食事会場ですから選手やスタッフのみなさんも気持ちがリラックスしていて、たわいない話題ではありますが会話が弾みます。

中村俊輔選手は海外遠征に出ると、滞在初日の食事のときに真っ先にやってきて「西さん、このホテルの厨房スタッフとは仲良く仕事ができている?」と聞いてくれます。「いや、まあ、いろいろありますよ」と冗談交じりに言うと、現地スタッフのところに行ってジョークを交えながら話をして気持ちをほぐしてくれたりします。現地のスタッフのなかに一人で飛び込んでいく私が、働きやすいようにしてやろうという配慮からなのです。中村選手はいつもそうやってさりげなく周囲の人たちへの気遣いをしてくれる人です。私がJヴィレッジを留守にして海外遠征に帯同することについても「西さんがいない間、Jヴィレッジは大丈夫なの?」と心配してくれました。選手やスタッフのそういった人間的なあたたかさを感じるたびに、感謝の思いと明日への活力がわき起こってきます。

料理人と選手や監督というだけではない、一人の人間同士の交流が生まれたことは、チーム内における私の立ち位置や、「帯同シェフ」としての役割を自分のなかで明確に自覚するうえでも大いに役立ちました。

練習や試合が終わって食事会場に選手やスタッフがあらわれると、ライブクッキングのコンロの前で「お疲れさまです!」と声をかけるようにしています。「西さんが笑顔で出迎えてくれると、疲れも吹き飛びますよ」と選手やスタッフから言ってもらうと、私のほうこそ元気になります。

AFCアジアカップ2004でアウェイの厳しさを知る

シンガポール遠征から帰国した後、日本サッカー協会で総務を担当していた湯川和之さんから内々に「中国で開催されるアジアカップに帯同してもらいたいと思っているのだけれど、どうでしょうか？」と打診がありました。シェフを帯同する意義があると認められたのだ、とわかって、「これでよかったのだろうか？」という迷いが減り、緊張が少しほぐれました。

その後、日本サッカー協会からJヴィレッジに正式に帯同依頼書が届き、七月十七日より開催される大会に帯同することが決まりました。八月七日に予定されている決勝まで進出すると、ほぼ一ヵ月の間日本を離れることになります。遠征が長期にわたることを予想し、準備をしました。

ＡＦＣアジアカップは四年に一回、ワールドカップ開催の二年前に開かれ、優勝国はワールドカップ前年に開催国で開かれるコンフェデレーションズカップに参加できます。二〇〇四年の中国大会は、北京、重慶、成都、済南という四都市のスタジアムで開かれ、まず予選を勝ち抜いた十五カ国と開催国である中国をふくめた十六カ国が、四チームずつ四組に分かれて一次リーグを戦います。日本はイラン、オマーン、タイと同組に入り、重慶のスタジアムで一次リーグを戦うことになりました。

重慶は一九三八年から四三年までの日中戦争のとき、日本軍から二百回以上も爆撃を受けたことによる反日感情が中国のなかでもとくに強い地域です。その上、当時の首相が靖国神社を参拝したことなどにより、その感情がいっそう高まっていました。日本代表チームは、重慶で試合のたびに「アウェイの洗礼」を受けることになったのですが、私自身も重慶の滞在先のホテルで苦労の連続でした。

まず厨房がとても狭く、しかも十五人ものスタッフが働くので、大げさでなく身動きもままならないような状態だったことです。二つある厨房のうち、一つをイラン代表チームが占有し、もう一つをホテル内にある洋食と中華料理のレストランの厨房スタッフと私が共有することになったため、そこに大勢がひしめきあうことになりました。

イランはイスラム教の国なので、厳しい食事の戒律があって料理にも神経を使わねばなりません。豚肉を決して口にせず、お祈りをして清められた肉（ハラルミート）しか食べません。豚肉のエキスが入っている調味料を使うなど論外ですし、豚肉を切った包丁を使った料理も食べられない、というほど厳しいのです。そのため厨房の一つをイラン代表の専用にする必要がありました。イランはアジアカップで日本と同組に入っていました。厨房に関してはライバルチームに押しやられたような形になりましたが、私はかえって「こんなことで負けるものか」と奮い立ちました。

少数精鋭か、人海戦術か

いろいろな国の厨房で働くと、その国の料理や衛生に対する観念や衛生管理の方法が見えてきておもしろいものです。日本もふくめて、欧州諸国の一流ホテルやレストランの厨房は「優れた料理人がいい料理をつくる」と考えて少数精鋭主義をつらぬきます。一定の技術レベルを持ったプロが効率よく働くことを重視しているので、シェフをトップとした指令系統ができあがっていて、各々が部門の長となるシェフの指示に従って己の仕事をこなします。肉料理専門、魚料理専門、デザート専門、とそれぞれに優れた技能を持つ料理人が、まな板や包丁にいたるまで責任を持って管理します。自分の職分と責任がはっきりしているので、うっかりしたミスも起こりにくいのです。

A代表が使用するホテルは四ッ星クラスの一流ホテルで、レストランの厨房も設備やスタッフが高いレベルにあります。しかし、これはあくまで私の印象ですが、中東やアジア諸国では、一流ホテルの厨房でも「人手をかけることによっていい仕事ができる」という考えで運営されているように感じました。

実際には、こと衛生管理に関しては、たとえ百人が徹底していても、たった一人でもいい加減なことをする人がいると、たちまち厨房全体が汚染されかねません。たった一人がボールや包丁などの調理器具をていねいに洗わなかった。たった一人がゴミを捨てた手で調理器具にさわった。そんなことが食中毒などの原因になる恐れがあります。スタッフが大勢いると、「衛生管理を怠るとたいへんなことになる」という危機意識を全員に行き渡らせることがむずかしくなり、一人ひとりの行動の重みが薄まってしまいます。大勢の人に食事を提供するレストランや食堂の厨房では、危機意識を全員が共有して持たねばなりません。そうなるとやはり人数をある程度しぼって、管理を徹底することがたいせつなのだ、と私は思っています。

一方、大勢で働くことの利点もあります。大勢が効率的に働けば、仕事は早く片づきます。大勢が働く厨房はにぎやかで、お客さんにもその活気が伝わって元気が出るかもしれません。少数精鋭か、それとも人海戦術かはその国の文化にも関係しているので、一概にどちらがいいとは言えないところもあります。しかし私にとっては、いかなる考え方で運営されている厨房であっても、自分がやるべき仕事を最大限努力してやりぬくしかありません。

中国料理には学ぶところも多かった

厨房に人がひしめきあっていることに加えて、言葉が通じないことにも苦労しました。シンガポールのホテルでの厨房スタッフは、お互い片言ながらも英語でコミュニケーションがとれて、こちらがお願いするメニューもつくってもらうことができました。ところが重慶のホテルの厨房スタッフにはまったく英語が通じません。そこでアジアカップのボランティアとして働いていた現地の大学の日本語学科の学生に通訳に入ってもらい、野見山委員長にも同席してもらって、シェフたちと翌日のメニューについて四苦八苦しながら打ち合わせをしました。現地スタッフにつくってもらいたい料理の写真を見せて「この料理をお願いしたい」と言うと、シェフが首をかしげて「それはどんな料理だ?」とか「材料がないから(もしくは、つくったことがないから)できない」などと言うのです。最初のころは打ち合わせだけで二時間以上かかりました。食事を準備し、ライブクッキングをして片づけが終わってから打ち合わせをしたあと、食事会場のソファで眠ってしまったことが何回もありました。

食材の調達にも苦労しました。毎食一品は魚を出すことにしているのですが、現地で手に入る川魚が骨っぽくて食べにくいのです。ナマズのような魚では焼き物にはできず、どうやったらおいしく食べられるだろうか、と頭を悩ませ、揚げたり、蒸して野菜と一緒にあんかけにしたりと工夫しました。

骨っぽい魚は、揚げて食べやすく。

そうは言っても中国ならではの食材を使って、日本人の嗜好に合わせた料理を出すのも料理人として楽しみではありました。唐辛子にふくまれるカプサイシンがドーピング検査で引っかかるといけないので、辛いものは試合前日から試合が終わるまで出さないようにしていましたが、試合後には食欲増進とストレス発散のために、中華風の香辛料がきいた料理を出しました。辛いものが好きな選手も多いので、現地スタッフと相談しながら張り切ってつくりました。

中国重慶名物の「火鍋」と言われる鍋料理を出したときのことです。なかにアヒルの腸を入れるのが本場の料理法なのですが、選手たちがそんな変わった食材を果たして食べるだろうかと少し不安でした。しかし味つけをほどよい辛さにしたところ好評で、おかわりをする選手が大勢いました。初戦のオマーン戦後の夕食で、四川風の麻婆豆腐を出したら、あまりにも辛くなってしまったことも今ではいい思い出です。辛いものが大好きな中澤選手は「僕の好みに合っていましたよ」と冗談めかして言ってくれました。ほかにはカエルの唐揚げを出しました。鶏肉に似たあっさりした味なので、なかなか好評でした。基本的にほとんどの選手はこれまで食べたことがないものをあえて遠征中には口にしたがらないのですが、中華でも日本人好みの味つけにすると喜んで食べてもらえることがわかりました。

香辛料をきかせて味つけした、カエルの唐揚げ。

ライブクッキングを本格的に始めたのもこのアジアカップのときからです。シンガポール遠征で滞在したホテルでは、消防法の関係でホテル側から「煙の出る料理はやめてほしい」と言われていたためにうどんだけだったのですが、このときから肉を焼くことも始めました。またホテルのスタッフの人に頼んで、本場の北京ダックを選手やスタッフたちの目の前で包んで提供することも試みました。これまた大好評でした。

アウェイの厳しい空気が一体感を育んだ

私は重慶の厨房で苦労していましたが、選手たちもアウェイの雰囲気を味わっていました。スタジアムではボールを持つたびに中国人観客から激しいブーイングが浴びせられますし、街を歩くと何を言われているかはわからないまでも、何か侮辱的なことを言われているらしいことを感じて不愉快な思いをしていました。選手のなかには身の危険を感じるので外出を控える、という人もいました。元気のある選手がホテルのすぐ近くにある公園に出かけたものの、七月中旬の重慶は暑すぎて長時間外にはいられず早々に引きあげた、という話も聞きました。そうなると外に出るのは練習場に行くときくらいで、ホテルのなかだけで過ごすことにストレスを感じる選手も増えていることが見受けられました。

ところが、そういった外部から受けるストレスが、チームを一つにまとめることになったのですから本当にわからないものです。勝ち進んでいくうちに、サブのメンバーもふくめてチームとしての一体感が育まれていったのが、食事会場で接しているだけの私にも手に取るようにわかりました。とくに私が感銘を受けたのが、三浦淳宏選手や藤田俊哉選手といったベテランたちが、チームを一つにまとめようと心を砕く姿でした。

大会期間中に、三浦選手が誕生日を迎えました。海外遠征中に選手やスタッフが誕生日を迎えると、ホテルに頼んでケーキを用意してもらい、夕食後に出して皆で祝うことが恒例になっています。その日、選手とスタッフ全員でハッピーバースデーを歌って祝い、お礼の挨拶に立った三浦選手が「スタジアムでは日本から応援に来てくれたサポーターにまで罵声が浴びせられている。俺たちはそんなサポーターたちに勝利をプレゼントするしかないんだ」と話したのが印象的でした。逆境に置かれたがゆえに、チームとして一体感が強まったのでしょう。

寿司を握って準決勝進出を祝う

アジアカップ一次リーグを一位で突破したので、準々決勝も重慶で戦えることになりました。対戦相手はヨルダンになりました。ヨルダン戦は延長戦の激闘のあとPK戦となり、川口能活選手の神がかり的なセーブのおかげで見事PK戦を勝ち抜き準決勝に進むことになりました。チームの雰囲気はますます盛り上がりました。試合の翌日、お祝いの意味も込めて思い切って夕食に寿司を握ることにしました。海外遠征の食事で寿司を握ったのはこのときがはじめてです。もちろん生ものは食中毒が心配で使えません。タコ、玉子、ウナギ、ホタテといった加熱した具を握ったのですが、これがいい刺激になったようです。勝ち進んだのはうれしいけれど、遠征はもう二週間以上に及びます。そろそろ本格的な和食がなつかしくなったころに出した寿司は、選手たちにとってほっと一息つけただけでなく、物珍しさを感じて楽しかったのではないでしょうか。スタッフからも「目先が変わったものが出たのがうれしかったよ。まさか遠征中に寿司を食べられるとは思わなかった」と言われました。ただし、中国のワサビを使ったらこれが日本のものとはちがって辛みがきつく、別の意味でも刺激になったようです。

海外遠征では見たことがない寿司が出たことで選手たちの顔は輝きました。それ以来、長期にわたる遠征のときには、気分を変えるようなサプライズのメニューを出すよう心がけるようになりました。

北京での優勝に歓喜する

準決勝のバーレーン戦も延長戦となる激闘で、延長後半に玉田圭司選手が見事なゴールを叩き込んでいよいよ決勝進出となりました。

チームは決勝戦が行なわれる北京に移動しました。重慶や済南の滞在先と比べると、北京のホテルでは和食の食材が何でも手に入り、厨房も広々としていました。ホテル内には和食のレストランもあり、日本文化を表現して歓迎しようというサービス精神のあまり、従業員が花魁や忍者のコスプレで選手たちを待ち構えていました。そのいで立ちがあまりに奇妙なので、「まずふつうの服に着替えてから『歓迎』してください」と頼みました。

そのいで立ちに見るように、ホテルのスタッフたちからは、日本代表チームを歓迎しようという気持ちが感じられました。スタッフの間で日本の選手はとても人気があり、「サインをもらってほしい」と頼まれることがあったくらいです。

北京での食事で忘れられないことの一つが「松茸」です。厨房の冷蔵庫をのぞくと、松茸がどっさり入っているのを見つけました。中国では日本に比べると松茸が安価だと知っていたので、「これを使ってもいいですか?」とシェフに聞くと、あっさり「いいですよ」と言われました。そこでパスタの具に使うことにして、まず松茸のにんにくバター炒めをつくりました。

ところが、食事会場に早く来た選手たちが「わ、松茸だ!」と炒めた松茸だけをたいらげてしまったので、あとから来た人たちの分がなくなってしまったのです。食べられなかった人たちに申し訳なかったので、翌日も松茸のパスタをつくろうと思って厨房スタッフに聞くと「つぎはいつ松茸が入荷するかわからない」とのことでした。いま思い出しても、食べさせてあげられなかった人たちに申し訳ない気持ちです。

とても親切で、何でも協力してくれた中国のホテルのシェフとスタッフたち。

決勝の対戦相手は地元の中国で、選手たちが乗ったバスが反日の群衆に取り囲まれ、試合会場に入るまでに一時間半もかかりました。それにもかかわらず(もしかすると、そのおかげで)選手たちの一体感はいっそう強まり、試合は見事に3対0の快勝でした。

日本人選手がボールを持つたびに激しいブーイングが起こる、という「アウェイの空気」に屈せずに戦い、優勝を勝ち取った選手たちに誇らしさを覚えました。優勝カップを掲げるキャプテンの宮本恒靖選手を中心にした日本人選手たちの笑顔には、ただ試合に勝っただけでなく、さまざまな重圧をはねのけて自分自身に勝つことができた、という充実感がみなぎっていたように思えます。

スタッフとしての役割を自覚

実を言うと、サッカー日本代表の海外遠征に帯同するまでサッカーにほとんど興味がなく、代表選手の顔と名前が一致しないほどのサッカー音痴でした。帯同シェフになって七年たった今でも、サッカーそのものに強い興味があるか、といえばそれほどではありません。仕事が休みなら日本代表の試合は観に行きますが、仕事を休んでサッカーの試合を観に行くほどではないのです。

帯同シェフであるのにサッカーの熱心なファンではないことを少し申し訳なく思っていますが、かえってよかったかな、と思うこともあります。ワールドカップドイツ大会のころには、日本代表選手はまるで映画の大スターのような人気でした。もし熱心なファンだったら、シェフとしての仕事への集中力が散漫になったかもしれない、と思うのです。

最初のころ、私は選手の顔と名前さえも一致しなかったので、ときには失敗もしました。ライブクッキングで注文を受け、つくってから選手がいるテーブルまで自分で料理を運んでいましたが、そのとき注文した選手とちがう選手のところに、まちがえて持って行ってしまったことが何回かあったのです。「西さん、いい加減に覚えてくださいよ」と選手に注意されたこともありました。

はじめのころ、自分の職務を果たしながら、スタッフの一員としてチームに入っていく、ということにも困難を覚えました。麻生英雄さんは一九九七年からサッカー日本代表の用具やウェアの管理をするキットスタッフとして海外遠征に帯同しているベテランですが、彼もチームの輪のなかに自然に入っていけるようになるまで努力もし、時間もかかったそうです。その麻生さんから「西さんも最初のころは代表チームになじんでいなかったけれど、二〇〇四年のアジアカップのあたりからはすっかり溶け込みましたね」と言われたことがあります。

シェフとしての任務とともに、スタッフとしての役割を果たすことも重要です。それは、選手がいいコンディションで試合にのぞみ、ピッチで持てる力を十分に発揮して勝てるようにサポートすることです。帯同した当初、アスレティックトレーナーの早川さんから「選手たちがサッカーに集中することをまず第一に考えてほしい」と言われました。選手が心身ともにコンディションを整えて試合に臨めるよう陰で支えることがスタッフの仕事だ、ということです。また早川さんからは「選手はお客様ではないのだから、頼まれたことを全部サービスしなくてもいいよ。あくまでも、選手が試合で十分な力を発揮できるようにマネジメントするのがスタッフの役割なのだから」とも言われました。つまり、選手の要求に対して、対応できることとできないことの線引きをする、ということです。実はこれが私にとってはなかなかむずかしいことでした。

私は長年料亭やレストランに来ていただくお客様に食事を提供する立場にいます。お客様の喜ぶ顔が見たい、おいしいと言ってもらいたい、という気持ちが料理をつくる原動力になっています。代表選手やスタッフを大事なお客様だと考え、その人たちが求めることに対応するのは職業的な性《さが》なのです。

しかし日本代表チームのサポートスタッフとしては、選手に対してお客様としてではなく、同じチームの一員として接することが求められます。サービス精神を発揮しすぎて、選手のリクエストのすべてに応えようとしてしまうと収拾がつかなくなるでしょう。

海外遠征帯同の回数を重ねていくうちに、私はしだいに、チーム全体よりも個人的な嗜好を優先することがないように気をつけよう、と考えるようになりました。ライブクッキングで一人ひとりの好みの食べ物や味つけを聞くくらいのことはしますが、選手のリクエストのすべてに応えようとがんばりすぎないようにしよう、と自分に言い聞かせたのです。帯同シェフとなってすぐのころは対応できることとできないことの線をどこで引いたらいいのかがなかなかわからなくて試行錯誤でしたが、アジアカップを経たころから、サポートスタッフとして果たす自分の役割がしだいに身についてきたと思います。

インドのホテルのスタッフたちは、本格的なカレーのつくり方を教えてくれた。

インドの子どもたちの目の輝きに感動

アジアカップ優勝のほとぼりがさめやらぬ二〇〇四年九月八日、インドのコルカタでワールドカップドイツ大会アジア地区一次予選、日本対インド戦が行なわれました。

インドを訪れたのははじめてで、空港からホテルに向かう車のなかから見た風景にも異文化を感じました。この遠征のときには少し時間に余裕があったので、コルカタの街を歩く機会を得ました。街の喧騒や、インド独特のスパイシーなにおいに圧倒されながら歩いていると、ガンジス河のにごった水をペットボトルに入れて売っている行商人がいました。水に関しては神経質になるくらい「清潔」「安全」を気にしているので、にごった水をわざわざお金を出して買う人がいることに驚きました。あとで聞いた話ですが、ガンジス河の水はヒンズー教の信者たちから聖水としてあがめられているそうです。

日本とは異なる文化であればあるほど私は好奇心をかきたてられます。インドでは見るもの聞くものすべてが新鮮でした。貧しさのなかで裸に近いような格好で通りを走りまわっている子どもたちの目はきらきら輝いているのです。その目には、生命力というエネルギーがほとばしっているようでした。平和な日本に住む子どもたちの目とは何かがちがう、と思いました。そしてインド遠征では、それ以上に私を感動させる出来事が待ち受けていました。

「自分がやってきたことにまちがいはなかった」

試合を勝利で締めくくり、チームにほっと安堵する雰囲気が漂っていた帰路のことです。コルカタの空港に到着すると、出発が遅れるというアナウンスがありました。ボーディングタイムが定刻より少なくとも一時間は遅れる、というので、私は待合室の外に出て一人で涼んでいました。屋外で生温かいインドの風に三〇分ほど吹かれてから待合室に戻ってくると、スタッフたちが「どこに行ってたんだ！　探してもいないから大騒ぎだったんだぞ」と言うのです。「西さんがいない！」「どこに消えたんだ？」「迷子になってるんじゃないか」とあちこち走り回って探していたと言います。そういえばガラス越しになかの様子に目をやったとき、あわただしそうなスタッフたちの様子は見えていました。「何を探しているのかな？」と思ってのんきに眺めていて、そのときはまさか自分が探されているとは思いもしませんでした。

スタッフたちに促されて、私は選手やスタッフたちが集まっているところに行きました。するとサッカー日本代表選手団の団長をつとめていた釜本邦茂さんが「これから西さんの表彰式をする」と言ったのです。表彰式？　いったい何事だろう、と緊張して私は釜本さんの前に立ちました。そうすると……。

「アジアカップのときも、ワールドカップドイツ大会予選の遠征でも、本当にお疲れさまでした」

そう言われて金一封が渡されたのです。湯川さんが発起人となって選手たち全員から、私への慰労の気持ちをあらわそうとお金を集めてくれたそうです。

感動してその場ではしばらく言葉が出てこないほどでした。自分は厨房で働く一人の料理人にすぎないと思っていたけれど、チームの力になれるような仕事をしようという私の努力と働きを認めてくれたのだな、とこみあげてくるものがありました。

このときのことは、いま思い出してもチームの皆さんへの感謝と感動で胸がいっぱいになります。またこの出来事は「自分がやってきたことにまちがいはなかった」という自信にもつながりました。選手やほかのスタッフたちの海外滞在にともなうストレスを軽減し、リラックスして食事を楽しむ環境を整えるために、何ができるだろうか、と考えて、ライブクッキングをはじめ私なりにいろいろ工夫してやってきました。

それまで料亭やレストランで働いてきたときも、おいしい料理を出して、お客様に喜んでもらえることが何よりの励みでした。帯同シェフになってからも、「おいしいです」と選手やスタッフから言ってもらうことが、翌日もがんばろうと思う原動力でした。

そこに、うれしいこともつらいことも分かち合える仲間がいて、チームの一員としてともに目標を達成するために力を尽くすことができる、という喜びが加わりました。

私の仕事は選手たちの成績に直結するわけではないけれど、陰ながらでもチームを支えているのだ、とあらためて自覚しました。

異文化のイランに好奇心を刺激される

インドも日本とはずいぶん異質な文化を感じた国でしたが、それ以上に宗教による社会のちがいを感じたのはイランでした。二〇〇五年三月にワールドカップドイツ大会アジア地区最終予選での対イラン戦に向け、遠征に帯同することが決まりました。調べていくうちに、イランは食事の文化が日本と大きくちがうのはもちろん、欧米諸国ともまったく異なることがわかり、事前の準備にもとまどいました。もっとも頭を悩ませたのが食材の手配です。イランに入る前に三月十七日から二十二日までドイツ、フランクフルトで合宿し、その後三月二十五日のイラン戦に向けて当地に乗り込むスケジュールになっていました。事前の調査でイランはちょうどその時期ラマダーンという、イスラム教徒が断食をする時期にあたり、市場が休みになるので食材が手配できない、とわかりました。そこで日本から食材の多くを持参し、さらにドイツで足りないものを購入して大量に持ち込む事態となりました。

テヘランに降り立つと、黒いベールをかぶり、くるぶしまで隠れる長いコートを着ている女性たちの姿に目を奪われました。街中にあるモスクからは一日に何回か祈祷の声が流れてきます。街の風景や空気にも異文化を感じました。

イランは魚介類が少ないと聞いたので、サバ、銀ムツ、銀ダラの西京漬け、塩鮭を何キロも冷凍して日本から持って行きました。パスタもないと聞いたので、ロングパスタやペンネなど合わせて二十四キロ分をドイツで購入しました。ドイツの特産で美味なウィンナーとハムは、豚肉を決して食べないイランには持ち込めませんが、フルーツ、パンとチーズはドイツのホテルで注文し、持ち込むことができました。

牛肉、鶏肉と羊肉は現地にもあり、ホテルが用意してくれました。ただ、牛肉はかたくてそのまま焼いただけではあまり食べてもらえそうにないものでした。そういうとき私は「困ったな」と頭を抱えてあきらめるよりも、「よし、やってやろうじゃないか！」とかえって燃えてくるタイプです。そこで牛肉を塩、胡椒とオイルで一晩マリネし、翌日コークスで焼きあげました。選手たちが「うまいじゃないですか、西さん」と喜んで食べてくれ、結果は上々でした。

またイランではタンパク質を主としてラム肉から摂っていて、日々の食卓にはラムの料理がよくのぼるそうです。イランのホテルのシェフからもラムをすすめられ、日本人にはラムを食べる習慣がない、と言っても納得してもらえず、断るのにひと苦労しました。食文化の違いを感じる体験でした。

現地に行ってみて、入手できる食材や調味料で臨機応変にどう対応するか、ということは、料理人としての腕の見せ所だと思います。その意味でイランは思い切り腕をふるえた地だと言えるかもしれません。

それにしてもイランは食事だけでなく街の様子も日本とはあまりにも違いすぎてカルチャー

ショックを受けました。見るもの聞くものすべてが珍しく、大いに好奇心を刺激されたので、イランはぜひもう一度行ってみたい国の一つになりました。

帯同シェフとしての仕事の手順

二〇〇五年六月三日、サッカー日本代表はワールドカップドイツ大会アジア地区最終予選において、バーレーン戦に1対0で勝利して、残り一試合を待たずに世界最速でワールドカップ出場を決めました。予選を戦っている途中で何回かひやりとすることはあったものの、まずは本大会出場権を勝ち取って、盛り上がった雰囲気のなかにありました。

そしてアジアカップに優勝した日本代表は、二〇〇五年六月にドイツで開催されたコンフェデレーションズカップ（略称コンフェデ）に出場しました。コンフェデは欧州、アフリカ、アジア、北中米、南米、オセアニア（このときはまだオーストラリアはオセアニア枠。二〇一〇年ワールドカップ予選からアジア枠に入る）の六大陸のカップ戦優勝国が出場し、ワールドカップ本大会開催の前年に、開催予定地で行なわれる大会です。日本サッカー協会から内々にですが、翌年二〇〇六年の本大会にも帯同してもらいたい、と打診されていたので、コンフェデ遠征は私にとって、ドイツ大会時の雰囲気をうかがうと同時に、どれだけの食材が調達できるか、という下見も兼ねていました。

コンフェデ遠征のころには日本代表の海外遠征に帯同するようになって一年以上がたち、経験を積んだおかげで、準備から帰国まで私もスムーズに動けるようになりました。遠征先が変われればシェフとしての仕事の内容も少しずつ変わりますが、仕事の大きな流れはつかめたように思います。そこでどんな手順で働いているかをここでご紹介しておきましょう。

日本サッカー協会からJヴィレッジに帯同依頼書が届くと、まず遠征滞在先の気候（気温は衛生管理を考える上でとても重要です）、風土（湿度によって食中毒の心配が出てくるのでそこはよく調べます）、社会（日本にどんな感情を持っているかを知っておくことで、厨房で一緒に働くスタッフとの関係を事前に推察できます）、文化（とくに宗教によって食べ物が制限される地域かどうかはチェックします）、もちろん食糧事情、特産料理などについてインターネットなどでできるかぎり調べます。日本サッカー協会のスタッフは事前に必ず現地に下見に行って食材などについて下調べしてきますし、その後も食糧事情について何か聞きたいことがあれば現地の大使館や現地在住者に問い合わせることもあります。現地で宿泊するホテルには、日本サッカー協会のスタッフが下見のときに厨房の仕様（ライブクッキングができるかどうかは必ず聞きます）、働いているスタッフの人数、食材の状況、などについて確認をとります。

情報が集まったところでだいたいのメニューを決め、日本から持っていくおおよその食材と現地で調達する食材を決めます。このとき遠征日数と人数を合わせて全部の分量を計算します。ふりかけや納豆をはじめ、現地では調達がむずかしそうな魚や、和食に使用する調味料や乾物は準備します。

国によって調達できる食材にはばらつきがあり、とくに毎食必須の米は入手できる種類を調べてから、日本から持参するか、現地調達かを決めなくてはなりません。日本で主食となっているのは、短粒種（ジャポニカ米）ですが、アジア圏内であっても長粒種（インディカ米）しか手に入らないことがほとんどです。インディカ米しか入手できないときには、選手の食がすすむように、ふりかけや佃煮などごはんのおともとなるものの種類を多めに持参します。ただ試合当日の軽食として出すおにぎりの分だけは日本米を持参するようにしています。なぜならおにぎりはごはんが冷めた状態で食べることになるので、できるだけおいしい日本米を使いたいからです。

現地ホテルのスタッフと十分な打ち合わせ

私は旅行会社の担当者と一緒に、選手団よりも一日早く現地入りします。選手たちは到着したらすぐに食事を取るので、その準備のために先乗りするのです。

滞在先に到着すると厨房スタッフと打ち合わせをし、ホテルのスタッフに依頼するメニューと私がつくる料理の割り振りを確認します。食事を提供する時間を伝え、食事会場のセッティングについても念入りに話し合います。食事を必ず決められた時間に提供するためです。持っていった食材を貯蔵庫におさめると、滞在先の厨房にある食材をチェックして足りないものは注文します。近所にスーパーマーケットがあれば、どんなものが売られているかを見に行くこともあります。余談ですが、最近ではアジアだけでなく、欧州や中東などの国でも、スーパーマーケットに日本の調味料が売られています。醤油やみりんなどが棚に並んでいる光景を見ると、日本食が一過性のブームを通り越して、世界中の一般家庭にまでしっかり浸透していることを感じます。

到着したその日からやることがたくさんあり、遠征中の睡眠時間は平均すると五時間です。これまで延べ三十ヵ国に行きましたが、街を歩く機会もなかなかありません。そこでその国や街の印象は、空港からホテルに向かうときに車から見たことに限定されてしまうことも多くなります。またよく「時差ボケ対策はどうしているのですか？」と聞かれるのですが、遠征中は時差ボケを感じる余裕はなく、帰りの飛行機でぐっすり眠ってようやく時差ボケを解消しています。

遠征先では、私の行動は当然ながら選手の活動に合わせることになります。遠征スケジュールは試合を中心に組まれていますが、私も試合日に合わせてメニューを考え、それに従って日々のスケジュールを調整しています。

中国のホテルの厨房の貯蔵庫。棚の最上段に持参した食材を置かせてもらった。

選手たちのために二〇〇%心を砕きたい

ここで簡単に私の一日の行動も紹介しておきましょう。

試合のための移動があるときは別として、朝食は午前七時から九時ごろまでです。選手たちと監督やコーチがこの時間帯に三々五々やってきて食事します。開始時間に合わせるために、午前五時すぎに起床し、五時半には厨房に入り、朝食準備。セッティングを確認し、七時にはライブクッキングのコンロの前で選手やスタッフを出迎え、注文に応じて卵料理を調理します。食事会場が落ち着いたころにほかのスタッフと一緒に私も朝食をとります。

朝食を食べ終わった十時ごろから昼食の準備に取りかかります。昼食は十二時から午後二時まで。昼食時のライブクッキングでは肉を焼き、パスタやほかの麺類を提供します。ライブクッキングが一段落したところで私も昼食をとり、その後厨房スタッフとともに翌日のメニューを決め、足りない食材を注文します。それが早く終われば、午後五時に夕食の準備にかかるまで、できるだけ休憩をとるようにしています。

食事の準備をする以外でも、食事に関することで私ができることは手伝うようにしています。遠征先のホテルにはリラックスルームといって、選手たちが自由時間に談笑したり、雑誌を読んだりする部屋がセッティングされます。ホテルに頼んで、この部屋には常時ミネラルウォーターやジュース、コーヒーとフルーツ類を用意してもらうように手配しています。夕食の時間が午後六時からのときには、夜食用にとおにぎりなどを差し入れることもあります。

午後の短い自由時間はできるだけ身体を休めるようにしていますが、午後の遅い時間から始まる試合の日には、キックオフの四時間前に軽食としておにぎりやうどんをつくるので多忙で、休む時間がとれません。

夕食は、夜に試合時間が設定されているときやその前日練習があるという日でないかぎり、午後七時から九時までとなります。ライブクッキングで肉を焼き、パスタをゆでてつくります。朝食や昼食と同様、食事会場が落ち着いたところでスタッフとともに夕食をとり、その後翌日の朝食のために米をとぎ、魚を解凍のため冷凍庫から冷蔵庫に移し、肉の筋切りや野菜を切るなどの準備を終えてようやく一日の仕事が終わります。シャワーを浴び、洗濯をし、メールをチェックします。この時間にはほっと一息ついて「今日も無事に一日が終わった」という喜びをかみしめます。午前0時にはできるだけ就寝するようにしています。

私は朝が早いのでさっさと寝てしまいますが、ほかの日本サッカー協会のスタッフたちはエンドレスで作業を続けていて、深夜まで、ときには夜明け近くまで打ち合わせや日本とのやりとりをしています。海外遠征中はほとんど眠る時間もないほど多忙です。

選手たちがサッカーのこと、そして試合のことだけに集中できるように、そして無事に遠征を終えて元気に帰国できる、というあたりまえのことをあたりまえにするために、裏方のスタッフたちは日夜がんばっているのです。私もそんなスタッフの一員として、遠征のたびに、自分も持てる力の二〇〇%を出し切ろうと決意をあらたにします。

ワールドカップドイツ大会に向けて気持ちが高まる

二〇〇五年六月十五日から二十九日にドイツで開催されたコンフェデレーションズカップの話に戻ります。出場国は、ドイツ、日本、チュニジア、メキシコ、アルゼンチン、オーストラリア、ギリシャ、ブラジルの八ヵ国です。日本はグループリーグでメキシコ、ブラジル、ギリシャと同組に入りました。

この遠征のときから、日本サッカー協会総務（当時）の湯川さんが「一人では大変だろう」と配慮してくださり、シェフがもう一名帯同されることになりました。おかげで遠征中の忙しさからいくぶんか解放され、ありがたく思いました。

前年に開催されたアジアカップのとき、重慶で焼き魚などの和食に使える魚がなくて苦労したことの経験を踏まえて、日本から魚を持参することにしました。このときには銀ダラ、銀ムツ、赤魚など日本でなじみのある魚を冷凍して持っていきました。

コンフェデでは、食事の準備の関係上前半だけではありましたが、スタジアムで日本代表の試合を観戦する機会がありました。各国から応援団もやってきていて、スタンドは代表チームのユニフォームを着たり、旗を掲げたり、民族衣装を身にまとい、思い思いに踊りだす人たちが大勢いて、国際試合の華やかな雰囲気を堪能しました。そしてこんな大舞台に日本代表の選手たちが立っているのだ、と思うと感動して鳥肌が立ちました。

日本対ブラジルの試合は、サッカーの試合をあまり見たことがない私でも、日本代表が世界王者を相手にしっかり戦っている、という手ごたえを感じ、もしかしたら勝てるかもしれない、と思ったほどでした。前半が終わり、後ろ髪を引かれる思いで急いでホテルに戻って厨房で夕食の用意を始めました。後半終了前の十五分は日本が攻めたて、終了間際に大黒将志選手が一点を返して同点にしましたが、残念ながら引き分け。日本はメキシコに敗れ、ギリシャに勝ち、ブラジルに引き分けて一勝一敗一引き分けの成績で、残念ながら準々決勝目前に夢破れてしまいました。

それでも世界王者相手に引き分けたことで、チーム全体に「ワールドカップもきっといい成績をおさめられる!」というつぎへの自信が生まれたように思います。コンフェデレーションズカップは、翌年の本大会に向けた準備のうえで、チームはもちろん、私にとってもドイツの雰囲気を体感した貴重な経験となりました。

手塩にかけた米を選手たちに食べさせたい

私の実家は福島で米をつくっている農家で、繁忙期には私も手伝っていることは前に書きました。品種はこしひかりで、私が言うと手前みそですがおいしいお米です。つくる現場に立ち会っているので、農薬をむやみに使わず、安心して食べられることは太鼓判を押せます。

コンフェデレーションズカップのときから、実家の米を遠征のときに持っていくことにしました。選手の皆さんのために、少しでも安心して食べられる食材を選びたい、という親心からです。

日本全国から注目を集めるサッカー日本代表ではありますが、海外遠征先だけでなく国内の合宿でも高価な食材を使って豪華な食事をしているわけではありません。選手が求めているのはグルメな食事ではないのです。たまに現地のシェフがその地の珍しい料理をつくって出してくれますが、好んで食べる人が多いとは言えません。遠征先では珍しいものを口にして体調を崩す不安を抱えるより、ふだんから食べ慣れているものを安心してしっかり食べて試合に備えたい、というのが彼らの本音でしょう。

私が準備する食材も、日本のスーパーマーケットで気軽に購入できるようなごく一般的なものです。ただ、米と同じように「安心して食べてもらえる」と私が自信を持って出せることを第一に考えています。家庭で安心して食べられるものを選んで料理をするように、私も選手やスタッフに安心して食べてもらいたい。そう願うのです。

ジーコ監督の思い出

ジーコ監督は母国ブラジルに勝てなかったことを非常に残念がっていましたが、大健闘した日本の選手たちを賞賛しました。「加地亮選手のあの得点（ゴールしたのですがオフサイドと判定されて取り消されました）が認められていたら、3対2で勝っていた」と試合後はもちろん、のちのちまでくやしがっていました。そんな姿から、勝負に厳しい人なんだなと思ったものです。

ジーコ監督が「神様」と呼ばれるほどすばらしい選手だったことは聞いていましたが、現役時代のすばらしいプレイを恥ずかしながら私は見たことがありませんでした。のちにＶＴＲでそのプレイを見て、偉大さを実感しました。日本代表監督としての試合のとき、ベンチのかたわらに立つジーコ監督は、独特の威厳がありました。

しかし海外遠征で私が接したときのジーコ監督は「気さくな方」という印象でした。シェフとして私を気に入っていただいていたようで、食事はいつも「おいしい」と言ってくださいました。ジーコ監督がワールドカップ本大会期間中、ドイツでの滞在先を決めるときに「ライブクッキングができること」を第一の条件にしていた、ということは前にも書きました。

私はこれまでジーコ監督、オシム監督、岡田監督、ザッケローニ監督と四人の代表監督のもとで海外遠征をともにし、厨房を任されてきましたが、ライブクッキングにこだわりを見せたという点ではジーコ監督が一番です。それほど「焼きたての肉」と「ゆでたてのパスタ」がブラジル人の食事において重要なのだ、ということなのでしょう。

ジーコ監督時代、今でも忘れられない事件がありました。少し話がさかのぼりますが、コンフェデレーションズカップの前、二〇〇五年三月二十五日に行なわれたワールドカップドイツ大会最終予選の対イラン戦のために、イランに遠征したときのことでした。試合後、空港で荷物を預けて出国を待っていたところ、日本にいる娘から私の携帯電話に電話がかかってきたのです。

私は離婚して娘を引き取って暮らしていました。私の口から言うのもなんですが、娘はまったく手がかからない、というよりむしろ、親である私の手をわずらわせないように気を遣って、何でも自分で決めて行動する子どもです。親の私に相談はしても、進学先も、大学受験も、すべて一人で調べて決めました。私がイラン遠征に向かっているときには、第一志望の大学に合格して、入学式の準備をしている……はずだったのです。

ふだん遠征に帯同して海外にいるときには、私から連絡をすることはあっても、娘から電話をかけてくることはめったにありません。留守宅で何かあったのか、とあわてて電話に出ました。

「お父さん、たいへんなことになっちゃった。どうしよう」

すでに娘は涙声です。パニックになっているようで、話は要領を得ません。

「どうしたんだ？　落ち着いて話してみなさい」

内心、私のほうがパニックになりそうなほど焦燥感にかられていたのですが、つとめて冷静な声で聞きました。

しゃくりあげながら娘がとぎれとぎれに話すことを聞いてわかったのが「大学へ支払うべき入学金の納入期限が過ぎていた」ということです。

「期限を過ぎれば入学を取り消すとも書いてあるし、大学への電話はつながらないし、どうしたらいいかわからなくて……」とあとは泣いてしまって話が続きません。

何でも一人でやっていけるしっかりした子どもだ、と私は安心しきっていました。帯同シェフを引き受けて、家をあけることが多くなったときも、もう高校生だし、私の両親もいるし、問題はないはずだと思っていました。何より娘のほうが、私がサッカー日本代表に帯同し、海外遠征に出ることを応援してくれたので、つい私のほうが甘えてしまっていたのかもしれません。「もう高校生」ではありますが、「まだ高校生」なのです。子どもが本当に親を必要としている肝心なときにそばにいてやれない自分に、このときはじめて気づきました。

「お父さんが必ず何とかするから大丈夫。どうするか考えてすぐ電話をかけ直すから、心配しなくていいよ」

そう言ってなだめて電話を切りました。

「西さんもファミリーの一員なのだから」

どうにかする、と言っても今私がいるのは日本から遠く離れたイランです。日本からかかってきた電話を受信できただけでもラッキーとしか言えないような国なのです。さて、どうしたらいいのか。今度は私のほうがパニックになりそうでした。

「西さん、どうしたの？　日本でなんかあったの？」

私が電話で話しているのを聞くともなく聞いていた湯川さんが心配そうにたずねました。どうしたらいいのかわからなくなっていた私は、思わず、娘がせっかく合格した大学に進学できなくなるかもしれないのです、と湯川さんに事情を話してしまいました。

すると湯川さんは大真面目な顔で「大丈夫。成田に着いたらジーコ監督と一緒に大学に行ってなんとかしてもらおう」と言うのです。

湯川さんとジーコ監督は互いに深い信頼関係で結ばれていました。だからといって、一介の料理人にすぎない私のために、いや、私の娘のミスのために、サッカー日本代表監督に同行してもらうなどとんでもないことです。いくら何でもそこまではお願いできません、とあたふたする私を湯川さんが一喝しました。

「何を言っているんだよ！　僕らはチームじゃないか。監督だって西さんのことをファミリーの一員だと思っているんだ。西さんのためならひと肌脱ぐに決まっているよ。日本に到着するまでに、大学へジーコ監督とともに行くのか行かないのかを、決めてください」

その瞬間、心を強く揺さぶられました。そうか、自分はチームの一員であるだけでなく、ファミリーの一員として皆から認められているんだ。なんとありがたいことだろう、と感謝の気持ちでいっぱいでした。

結局、勤め先の上司が大学へ連絡してくれることになり、事なきを得ました。それでも、テヘラン空港でのこの「事件」によって、私は「自分のこのチームのためにしっかり仕事をして恩返しをしなくては」という気持ちがあらためてわいてきたのでした。

東アジア選手権で韓国へ

コンフェデレーションズカップから帰国して約一ヵ月後の二〇〇五年七月末から八月はじめにかけて、日本、韓国、中国、北朝鮮が参加する東アジア選手権が韓国で開催され、私も帯同しました。選手権には男子だけでなく女子チームも参加していて、一度だけですが男女両方の

韓国のシェフやスタッフから、北朝鮮代表にまで伝わった「鶏肉の味噌漬け焼き」。

代表チームの食事を用意するという経験をしました。

韓国のホテルでは北朝鮮代表も日本代表と同じホテルに泊まっていました。さすがに食事会場はちがったのですが、ホテルのシェフやスタッフは日本代表の担当と同じ人たちです。到着してすぐの食事でつくった鶏肉の味噌漬け焼きを食べたホテルのシェフが、「これはうまい！　ぜひつくり方を教えてほしい」と言ってきました。そこで味噌床のつくり方を教えました。すると、翌日「教わった味噌床で豚ほほ肉の味噌漬け焼きを北朝鮮代表チームに提供したら大好評だったよ」と言われたのです。北朝鮮の選手もスタッフもその味がとても気に入り「ぜひまたつくってくれ」とシェフにせがんだそうです。なんと私は敵に塩を送ってしまったのか、という苦い思い出です。

このときは韓国のシェフに頼まれて、味噌床だけでなく親子煮や日本式のカレーなど毎日いろいろな和食メニューを教えました。私も調理場で韓国料理を食べさせてもらい、本場の味を教わりました。チゲ鍋や辛いタレで食べる湯豆腐のつくり方など、そのとき教わった韓国料理のメニューをその後の日本代表のメニューにも取り入れています。

料理を通して世界のシェフと会話

ここで現地のシェフや厨房スタッフとどうつきあっているか、ということについて少しお話しておきます。

遠征に帯同し、選手に食事を提供するときには、滞在先のホテルの厨房を使わせてもらい、現地のスタッフと一緒に働きます。よく選手やスタッフから「どうして西さんは英語があまりできないのに（私の英語は中学生レベルです）、現地のシェフやスタッフとすぐに仲良くなって楽しそうに働けるのか？」と聞かれます。

中村俊輔選手からは「西さんって変わっているよね。どこに行ってもスタッフとすぐ打ち解けて、和気あいあいと料理するなんて、何か特別な才能があるとしか思えない」と言われたこともありました。余談ですが、中村選手は海外のクラブでプレイしていたとき、日本に帰国したオフには、私が働いているJヴィレッジで一週間ほど個人的な自主トレをしました。その関係でよく話すようになり、遠征中にバスで選手たちと一緒に移動するときには、「西さん、ここ、ここに座って」と手招きしてとっておいてくれた隣の席に座ることもあります。中村選手だけではありませんが、選手やスタッフのそういったさりげない気遣いに、私はずいぶん助けられています。

なぜ片言の英語で仲良くできるか？　正直に打ち明けると、これまでの海外遠征時に、現地の厨房スタッフから反発されたり、見下された態度をとられて不愉快な思いをしたことも、皆無ではありませんでした。

考えてみれば当然です。一流ホテルで働く誇り高い彼らの縄張りである厨房に、いきなりずかずか入ってきて、それまで彼らがつくってきたメニューに変更を求めたり、調理用具を使わせてくれ、などとつたない英語で言うのですから、反発を受けても不思議はないでしょう。しかし、不愉快そうな顔をされた、とか、言うことを聞いてくれない、と言ってこちらが喧嘩腰になったりふてくされたりしていいことは一つもありません。そうかと言って、あまり下手に出て遠慮していると、時間通りに料理ができあがりません。限られた時間と食材のなかで、安心して食べられて、できるかぎりおいしい料理を出すためには、厨房スタッフの協力を得られるように努力するしかないのです。

そこで私が心がけていることは、「料理は世界共通のコミュニケーションツールである」と考えることと、「いつも笑顔で対応する」ことです。

厨房に入ると、まず包丁を握ってつくっているところを見せ、料理の実力を知ってもらうことから始めるようにします。プロの料理人であればその人の力量を見抜くことができますし、そこから互いへの尊敬の気持ちが生まれ、認め合うことができます。

日本の料理と道具は世界で認められている

日本料理の世界的人気にも助けられています。和食メニューの数々はここ二十年ほどで世界的に知名度が高くなり、レストランだけでなく一般家庭にも浸透しました。韓国やアジア各国だけでなく、中東、ヨーロッパ、アフリカのどこでも日本食に対する関心は予想していた以上に高いものでした。私がつくっているのをそばでじっと見ていた現地のシェフが、あとから「その料理を教えてほしい」と頼んでくることもときおりあります。同じ料理人として持つ興味は共通していることが伝わるので、厨房を使わせてもらっている感謝の気持ちを込めて喜んで教えてあげるようにしています。

料理を教え合うときには、お互いの英語のレベルなどまったく問題がありません。料理は世界共通のコミュニケーションツールであることを、そうやって教え合っているときに感じます。ちなみに世界各地で「教えてくれ」とシェフたちにせがまれる日本食メニューの一位は照り焼きのたれ、二位が唐揚げ、三位がラーメンです。

日本の調理器具の人気も予想していた以上でした。遠征に帯同するようになった最初のころは、ざるやボールまで持って行っていましたが、結局包丁と包丁研ぎ、ライブクッキングで使用するフライパンを大、中、小三つ、それに海外の厨房ではぜったいに見つからない、うどんをゆでるための「うどんてぼ」にしぼりました。包丁は洋包丁を三本持参しています。ここ五年ほど、世界各地で日本製の包丁は有名で、どの国でも使われているのを見ます。ときには現地のシェフから「あなたの包丁と僕のを取り換えてもらえないか？」と頼まれることもあります。笑い話になってしまいますが、欧州のホテルのシェフと包丁を交換してよく見たら日本製だったこともありました。フライパンは安価なテフロン加工のものを持って行きます。現地のシェフから要望があればそれをプレゼントすることもあります。

レシピや調理器具を通して、現地のシェフと交流をはかることによって、お互いに気持ちよく一緒に働くことができれば、選手の皆さんにもよりおいしく食べてもらえる料理を出すことができます。料理を共通語にすることは、帯同シェフにとっては非常に重要な任務なのだと思っています。

そしていつもスマイル！　何があってもいつも笑顔で楽しく働こう、と自分に言い聞かせます。不満を言いだしたらきりがありません。逆境になればなるほど、「これを克服するのはおもしろいぞ！」と楽しむことです。

不思議なもので、つくる私が疲れていたり、不機嫌だったりすると、出す料理にもそれが出てしまうのです。どこか手抜きがあったり、おざなりだったりするのはやはり料理人として自分が許せません。ましてや選手の皆さんが食べて元気が出るような料理を出さなくてはならないのに、その料理で私の疲れが伝染するようでは私が帯同する意味がありません。

だからどこに行っても、何があっても笑顔で「楽しい！」と思い、元気に働くことを心がけています。

そしてワールドカップドイツ大会へ

東アジア選手権は男子代表チームでは中国が初優勝し、日本は二位になりました。女子代表チームでは韓国が優勝し、日本は三位に終わりました。私としては、このときはじめて女子代表チームの食事を提供することができたこともあり、有意義な経験でした。

その後、親善試合でラトビアやウクライナへの遠征に、翌年、ワールドカップ・イヤーの二〇〇六年二月にはサンフランシスコへの遠征にも帯同しました。ワールドカップ直前の最終合宿としてドイツに遠征したときには、ワールドカップ本大会で試合時に日本代表が宿泊する予定のドルトムントなどでホテルを視察しました。私自身にとってははじめての経験となるワールドカップドイツ大会に向け、準備を着々と進めていました。

日本代表は、日本で開催されたキリンカップサッカー二〇〇六で、エクアドルには1対0で辛勝したものの、ブルガリアには1対2で敗れ、スコットランドに0対0で引き分けたために、日本国内では不安の声もありました。しかしメディアでも「黄金の中盤を抱える日本代表が健闘するのはまちがいない」と期待する声のほうがずっと高かったように思いますし、私自身も必ずいい成績をおさめてくれるだろうと期待していました。

二〇〇六年五月二十三日、代表チームより一足早く、私はドイツへ旅立ちました。グループリーグ突破はもちろん、ベスト8……いやベスト4くらいまで行けるかもしれない、それなら帰国は七月中旬かな、などと思いながら成田の出発ゲートをくぐりました。

まだこのときには、まさかたったの一ヵ月弱で帰国するとは夢にも思いませんでした。

第二章

はじめてのワールドカップ

～二〇〇六年ドイツ大会～

いよいよ憧れのワールドカップへ

二〇〇五年三月三十日、埼玉スタジアムで行なわれた最終予選対バーレーン戦に勝って、日本はワールドカップドイツ大会への出場権を得ました。この時点で日本サッカー協会より「ドイツへもシェフとして帯同してほしい」という打診があったので、私もさっそく「はじめてのワールドカップ」に向けての準備を始めました。

準備は予選や親善試合での遠征とそう大きく変わるわけではない、と自分に言い聞かせましたが、やはりなんといってもワールドカップです。一九九八年フランス大会、二〇〇二年日韓大会のときに日本代表がJヴィレッジで国内最終合宿を行ないましたし、二〇〇二年にはアルゼンチン代表がキャンプ地として利用しました。各国の代表チームと接した経験から、ワールドカップが世界中から注目されるすばらしいスポーツの祭典であることを私も肌身で感じ、そのすごさを実感していました。

ふだんJヴィレッジで接しているお客様からも、サッカーのワールドカップへの憧れを毎日のように聞きます。Jヴィレッジで合宿している育成年代の小学生から中学生の少年少女たちは、「いつかワールドカップのピッチに立つ」ということを目指してがんばっています。高校生、大学生となると、本気でプロサッカー選手として生きていくことを考えていますから、もちろん「日本代表選手として選ばれて、ワールドカップに出場する」ことは現実味をおびた究極の目標となります。サッカーボールを蹴る人たちにとってワールドカップはそれほど大きな「夢」なのだ、と感じています。

サッカーのワールドカップへの憧れや夢を語るのは、サッカー選手やその卵の人たちばかりではありません。Jヴィレッジにはさまざまな年齢層のお客様がいらっしゃいます。どの人にも共通するのが「スポーツが好き。サッカーが好き」ということです。少年少女から青少年、社会人、ときには仕事を引退した年齢の方までいらっしゃいますが、どの年代の人も現役としていきいきとプレイしていらっしゃいます。プロとして活躍している選手やオリンピック代表に選ばれるほどの実力ある選手たちにまじって、週末や休日にスポーツを楽しみたいというアマチュアの愛好家たちが真剣に取り組んでいるのが、Jヴィレッジの日常の光景です。サッカーが世界でもっとも愛されているスポーツであることを、Jヴィレッジでは実感します。

実際にサッカーは競技としてプレイしている人口も非常に多い球技です。一説によれば世界で二億四千万人と聞いています。そしてそんな人たち皆が頂点にあると認めている大会が、ワールドカップです。それに出場することがどれほどすごいことなのかを、私もアジアの各地で行なわれた予選に帯同して、よりいっそう強く感じていました。

百万人のなかから選ばれる二十三人となる

日本でもサッカーは老若男女皆に愛されているスポーツ競技になりつつあります。公式戦に出場するために、日本サッカー協会に登録している選手は、二〇一一年一月一日の時点でフットサルもふくめて一〇二万人（日本サッカー協会調べ）にのぼります。この数字には女性や子どものサッカープレイヤーも多数ふくまれています。サッカーは日本中で、性別、年齢を問わず愛されているスポーツなのだ、というのがこの数字からもうかがえるのではないでしょうか。

そのなかでJリーグに所属して、プロとして登録されている選手となると一〇六七人（二〇一〇年二月一日調べ）しかいません。男女ともにプロのサッカー選手となるのがいかに選ばれた人たちなのかがわかるでしょう。

そしてそこからワールドカップ日本代表選手として選ばれるのは、わずか二十三人なのです。Jヴィレッジにやってくる方が、皆口をそろえてワールドカップへの夢と憧れを語るのは当然でしょう。そこに出られることは、頂点に立つことを意味しているのですから。

ほんの数年前まで、まさか自分がその大会にスタッフとして直接的にかかわることになるとは夢にも思っていませんでした。それまで二年以上、ワールドカップ地区予選やアジアカップ、コンフェデレーションズカップといった大会に出場する日本代表選手と一緒に、世界各地を遠征してきました。どの遠征でも、チーム全員から「ぜったいに勝たねばならない！」「ワールドカップの舞台に立つのだ！」という気迫が感じられましたし、遠征中のチームには独特の緊張感が漂っていました。

しかしワールドカップ本大会となると、予選やほかの大会よりもはるかに大きな国際的な大会です。これまで戦ってきたのは、すべてワールドカップのため。ＡＬＬ ＦＯＲ ２００６

という日本サッカー協会が掲げたスローガンの重みは、私も強く感じていました。私にとっても、ワールドカップはこれまでの帯同で得た経験と知識をすべて駆使して臨まなくてはならない大会なのです。そういう気持ちで私は準備を進めました。

コミュニケーションが生まれる食事時間にしたい

ワールドカップの遠征は事前合宿もふくめると一ヵ月に及びます。グループリーグを突破して決勝トーナメントを勝ち進めば、一ヵ月半から二ヵ月近い日数になります。それだけの期間、かなり緊張を強いられる遠征になるはずです。ワールドカップとなるとますます警備が厳重になるでしょうし、ちょっと観光にでも出かけて息抜きしよう、などということがそう簡単にできるとは考えられません。ホテルから外に出られるのはもしかすると練習場や試合会場との往復だけになることが予想されます。そんな環境に置かれると選手もスタッフもどうしてもストレスを感じます。緊張とストレスをやわらげるのは、食事の時間くらいになるでしょう。食事を楽しみにしているというのは選手からよく聞く声でした。中村俊輔選手は「(代表の遠征中は)食事が最大の楽しみだよ。というか、食事しか楽しみはないね」とまで言います。

A代表の海外遠征の際、選手は一人一部屋を割り当てられて宿泊します。そこで本を読んだり、DVDを観たり、ゲームをしたりしてそれぞれ自分の時間を過ごしているようです。またリラックスルームに何人かで集まって談笑したり、数人で散歩に出かけたりすることもあるようですが、基本的には一人ひとりが好きなことをして自由な時間を過ごしています。

海外遠征中に、練習やミーティング以外の時間で、チーム全員が集まって過ごすのは食事のときしかありません。また選手たちはふだん別々のチームでプレイしていますから、顔は知っていても話をしたことがない人たちも多いのです。食事の時間はコミュニケーションをとって、お互いをよく知り、よきチームメイトとなるチャンスでもあります。リラックスできて会話が弾み、できれば笑い声が響くような食事会場にしたい、というのがサポートスタッフ全員の願いです。そのために私はメニューに工夫を凝らし、調理をしますし、ほかのスタッフは食事会場の隣に卓球やダーツなどを準備してレクリエーションの場を設けるなど気を配ります。ワールドカップ本大会でも、どんなメニューで食事の時間を楽しく、明るくリラックスした雰囲気にできるか。私はそれを考えました。

ストレスなくたくさん食べてもらうことの重要性

食事に関しては、私が対応できる範囲で、選手の人たちに好きなものを好きな味つけで食べてもらいたいと思いました。食欲がわく料理をたくさん食べて、心もおなかも満たされて、それがゴールやファインプレイにつながるのであればそれほどうれしいことはありません。

たくさん食べてもらうにはどうすればいいか。それは単純なことですが、選手たちが日本でふだん「おいしい」と思って食べているものと同じ料理を、同じような味つけで出すことです。

海外に出ると、日本でふだん食べているようなものが無性に食べたくなるものです。だから海外遠征先でウナギや魚料理、茶碗蒸し、親子煮、肉じゃが、味噌汁といった「おふくろの味」のメニューを出すと、とても人気があってあっという間になくなります。海外のクラブチームでプレイしている期間が長かった中村俊輔選手は「代表に来て、西さんがつくってくれるおにぎりを見ただけで幸せな気分になる」と言います。海外で食べる日本の味はことさらおいしく感じられるのでしょう。

遠征にはじめて帯同してから一、二年の間は、私は選手一人ひとりの好みを把握するために、それぞれの嗜好をメモに書き留めて対応していました。たとえばステーキの味つけでニンニクをたっぷり入れるのが好みの人や、反対にニンニクや香菜など香りの強いものが嫌いな人、焼き加減はレアかウェルダンか、などそれぞれの好みを頭のなかに入れて、ライブクッキングで調理するときに心がけていました。

そのように選手の好みに合わせた料理や味つけをすることは、好き嫌いを許してわがままを聞く、ということではありません。食材の調達がままならないことも多い海外にいるわけですし、大人数で食事をするのですから、選手からの注文とはいっても聞けることと聞けないことはおのずと出てきます。でもできる範囲で嗜好に対応することによって、選手たちはストレスなく食べられて食がすすみ、それが試合でのパフォーマンスにつながっていくと、帯同を重ねるうちに考えるようになりました。そこでワールドカップ本大会でも、できる範囲で選手の皆さんの嗜好に応えたメニューを提供しようと思いました。

選手は「食」でもプロである

ワールドカップに出場する代表選手ともなると、栄養に関しての知識も豊富に持っています し、自分の体調を食事によって管理しようとする姿勢も一流なのだ、ということを遠征に帯同するようになって実感していました。

たとえば中澤佑二選手は、スポーツ選手として食事と栄養について豊富な知識を持っていて自分の身体をしっかりと管理しています。ビュッフェでも、自分の身体に必要なカロリーと栄養素を考えながら選んでいることがわかります。

中澤選手は、一日のトータルで必要な量を考えながらそれぞれの食事でバランスよく食べるように心がけている、と言います。しっかりとる食事は朝食と昼食にし、夕食は控えめにするそうです。肉類を食べるならできるかぎり昼食にして、夕食は魚をとるようにしています。夕食を少量にする理由を聞くと「夜にたくさん食べて十分に消化しないうちに寝ると、胃にもたれてしまうんです。翌朝は空腹で目が覚めるくらいのほうが調子がいいです」ということでした。中澤選手は油脂の種類と量にも気を配っています。パスタでも、オリーブオイルで調理するペペロンチーノやトマトのソースを選びます。

また中澤選手は食べる順番についてもよく考えています。「どの食事でもまずサラダから始めておなかをふくらませてから、体調とその日食べたものとのバランスを考えながらタンパク質や炭水化物の種類を選ぶようにしています。炭水化物は、基本的にごはんで摂り、そのほかにもう一品選ぶことにしています」と言っていました。そこまで考えて食事をする姿勢を見て、さすがチームでも日本代表でもトップパフォーマンスを持続している選手はちがう、と感心しました。

食事の最初に山盛りのサラダを食べてからほかのメニューをとる、という中澤選手をまねてかどうか、同じようにサラダから食べ始める人もしだいに多くなりました。食事に関する意識が高い選手たちはサラダのドレッシングもオリーブオイルと塩が基本で、マヨネーズなど油脂分が多いものは避けるようにしているようです。

日本代表に選ばれるほどの選手となると、食事に関する自己管理もしっかりしているのだ、ということがワールドカップドイツ大会を前に私にもわかってきました。プロのスポーツ選手として、体調管理に対する意識が高い選手に満足してもらうような食事を提供することは、料理人の仕事の醍醐味であり楽しみでもあります。食に関してもプロである選手たちの声を聞きながら、私も食のプロとして腕をふるえるのは幸せなことだ、と思いました。

食事は信頼関係の証

選手のなかには海外に行くだけで体調を崩す選手も少なくありません。緊張もしますし、いわゆる「水が合わない」地域に行くことも多く、食事も食べたことのない食材や味つけでなかなか口に運べない、というのです。

中村俊輔選手は十代のころから海外遠征をしてきた経験から「海外に行くと食欲がわかない料理が出て、食べなくちゃいけないから無理して食べた記憶しかない」と言います。「昔、アジアに遠征したとき、食事に不安があったから電子レンジであたためて食べられるごはんとかインスタントラーメンなんかをこっそり持って行って、いざとなればこれを食べようとお守りにしていたよ。結局食べないで持ち帰ったけれどね」という話も聞きました。

若い世代の代表チームには日本人シェフは帯同しませんし、滞在先もA代表ほどいいホテルには宿泊できません。そこで現地のシェフがつくった料理を食べるのですが、それは身体的にだけでなく精神的につらいところがある、と中村選手は言います。なぜなら「信頼ができるかどうかわからない人がつくった料理を食べなくてはならない」からだそうです。水や食べ物をおそるおそる口にすることは、試合とは関係のないところで大きなストレスになるのです。

食事だけは、とにかくストレスを感じずに食べられるものがいい、というのが選手の皆さんの本音なのでしょう。料理をする人への「信頼感」は、食事をする上でとてもたいせつなものなのだ、ということを私は帯同シェフになってから身にしみて感じるようになりました。

家庭でお母さんやお父さんがつくってくれたものを、子どもは何の疑問も不安も感じることなく口にします。信頼する人がつくり、安心して食べられる食事だから、よりおいしく感じるのでしょう。ワールドカップという世界中のサッカー選手たちが憧れる大会に出場する選手たちの胃袋を預かるのです。私も選手の皆さんが安心して食べられるように愛情を込めて料理をしよう、とあらためて心に決めました。

食べ慣れた好きなものを加える

ふだんどんなものを食べているかを選手の皆さんにそれとなく探っておくと、海外でのストレスをやわらげるためにどんな食材や食品を持参して提供すればいいかがだんだん見えてきます。特別な日ではなく、いつも食卓に並んでいるものを知ることが重要です。

ワールドカップドイツ大会に向けての国内での最終合宿がJヴィレッジで行なわれたとき、選手たちに「ドイツで何が食べたいですか?」と聞きとり調査をしました。ある選手からは「俺、もずくが好きなんですよ。とくに遠征が長くなると、きっと食べたくなるだろうなあ」と教えてもらいました。なかには「とろろです。海外遠征に行くと、ときどき無性にとろろが食べたくなるんです。ドイツでは食べられますか?」というリクエストもありました。さっそく両方とも手配したのは言うまでもありません。

また前述したように、サッカー選手のように走り続ける持久力が必要なスポーツ選手には、炭水化物であるごはんをたくさん食べてエネルギーをたくわえることが非常に重要です。漬物や佃煮やふりかけは必ず持参しますが、高級割烹店が販売している高価なものが選手からリクエストされることはまずありません。「『きゅうりのキューちゃん』があれば、俺、メシがどんぶりで食えます」と言う選手もいれば、「俺は桃屋ののりの佃煮、『ごはんですよ』が一番好き」

と言う選手もいました。どこでも手に入るそういった嗜好品を持っていくことはお安い御用なので、さっそく用意しました。

もずくやとろろなどは、栄養価を考えると重要ではないかもしれません。何も海外遠征先まで「きゅうりのキューちゃん」を持っていくことはないじゃないか、という意見もあるでしょう。しかし、ふだんから食べていて安心して手が出るメーカーの食品であることは、ストレスなくたくさん食べるためにはとてもたいせつなのだと思っています。

私がシェフとして帯同するのは、海外の食べ物はもちろん、水や空気さえ合わないという選手でも、日本にいるのと同じくらいの食欲で、おいしくたくさん食べられるような食事を毎食出すためだ——そう思ってドイツ大会への持参食材を準備しました。

一週間分の基本メニュー

さて、肝心のメニュー作成です。日本サッカー協会はドイツ大会に向けて、提携している明治製菓ザバススポーツ&ニュートリション・ラボにサッカー日本代表が遠征するときの基本メニューを作成してもらいました。二〇〇六年五月、ドイツに旅立つ前に日本代表がJヴィレッジで合宿したときにも、ザバススポーツ&ニュートリション・ラボにメニューを提出してチェックを受け、アドバイスをもらいました。この最終合宿にはザバス営業部の菅さんが来て、食事だけでなくサプリメントもふくめた栄養管理に目を配りました。

ワールドカップドイツ大会時の食事についても、杉浦先生と菅さんが一週間分のメニューを組み、それをもとに調理するようにと私は指示をもらいました。栄養学的にはまったく問題がないどころか、フィジカルコンディションを整え、体力をつける面でも有効だと思われるメニューです。

たとえば六月十一日（対オーストラリア戦試合前日）の夕食として提案されたのは以下のようなメニューです。

（　）内はトッピングや調味料として選手の嗜好に合わせて取れるようにしてあるものです。

【ご飯もの】
◆白飯（ビタミン強化米入り）
◆炒飯

【パンほか】
◆パン各種
（バター、マーガリン、ジャム）
◆サンドイッチ用のパンとスライスハム、チーズ
◆シリアル三種類、低脂肪牛乳

【パスタ類】
◆スパゲッティ LIVE
◆坦々麺 LIVE

【汁もの】
◆味噌汁
◆ジャガイモのポタージュ

【おかず肉類】
◆牛ヒレステーキ LIVE
◆チキンチーズ焼き
◆豚肉生姜焼き

【おかず魚介類】
◆白身魚のトマトソース煮

【おかず卵・豆腐】
◆麻婆豆腐

【野菜料理】
◆温野菜
◆ラタトゥイユ

【サラダ】
◆ミックスレタス、トマト、青豆のサラダ
（ドレッシングは二種類。ヨーグルト入りと和風）
（トッピングとしてパルメザンチーズ、オリーブオイル、バルサミコ酢、ベーコン、クルトン）

【小鉢】
◆酢の物
◆納豆
◆漬物
（ふりかけ、焼海苔、梅干、キムチ）

【デザート】
◆フルーツ盛り合わせ

【飲み物ほか】
◆ジュース（グレープフルーツ、オレンジ、パイナップル）
◆低脂肪牛乳
◆プレーンヨーグルト（ジャム）
◆ペリエ、ミネラルウォーター、コーヒー、紅茶、ハーブティー（二種類）

試合前日のメニューなので
・油脂の摂取をおさえる。
・ごはんやスパゲッティなどの種類を増やして炭水化物の摂取を促す。
という二点が押さえられています。
試合二日前から、肉類は牛肉や豚肉では脂肪分が少ないヒレ肉に、鶏肉は胸肉を使用します。魚も脂が少ない白身魚を選んで使います。油脂を控えることによって、体脂肪率を下げて筋力を高め、瞬発力を上げることができます。

炭水化物はエネルギー源です。炭水化物を大量に摂取することで、持久力を増して九〇分間しっかりと走れるようになります。米飯がたくさん食べられるようにおかずも少し味つけが濃いもの、たとえば麻婆豆腐（最近ではウナギや親子煮もメニューに入れています）が入り、麺類も各種パスタと坦々麺などが取り揃えられています。この二点に重点を置いた理想的なメニューだと言えるでしょう。

和食食材の世界的な広がりを実感

ワールドカップドイツ大会のメニューについては二〇〇六年の年明けという早い時期に骨子が固まりました。それに合わせて食材をどこで、どのように調達するか、についての準備は日本サッカー協会総務の助けを借りて、春ごろから本格的に始めました。とはいっても、前年のドイツ合宿とコンフェデレーションズカップでドイツに遠征したときに、「ドイツでは日本食のための食材と調味料はほとんどどんなものでも現地で入手できる」ということを確かめていました。

食材の仕入れ先はキッコーマンの子会社であるＪＦＣインターナショナル（ヨーロッパ）社です。キッコーマンの前身は一九一七年に営業を開始した野田醤油株式会社と万上味醂株式会社です。その後に二社は日本醤油株式会社と合併し、一九四〇年に全国における商標をキッコーマンに統一しました。一九六四年には社名をキッコーマン醤油株式会社に変更しました。

この会社が世界市場に乗り出したのは、なんと社名変更より以前の一九五七年。アメリカに本格的に進出してサンフランシスコにキッコーマン・インターナショナル社を設立しています。欧州進出は一九七二年。ドイツのデュッセルドルフに日本食レストランを欧州で展開するキッコーマン・大都会社を設立し、一九七九年には欧州でも主として日本食を中心にした東洋の食品を専門に扱う会社JFCインターナショナルをドイツで発足させています。

なぜここまでくわしくキッコーマンについて述べたかというと、和食が世界に普及した背景には、先人の長い努力があったからだ、と言いたいからです。私自身もつい最近まで、日本が経済力をつけ、世界各地に日本人が出かけて日本料理店が出店するようになったここ三十年ほどで和食のよさが知れ渡った、と考えていました。しかし実際には、半世紀以上前から日本の食品メーカーが市場開拓の努力をしてきた歴史があったのです。一九八〇年代末頃にアメリカから始まり世界に広がった健康ブームに乗って、油脂をあまり使わない和食が人気となった、と思っている人も実は多いのではないでしょうか。しかし、遠征に帯同するようになって痛感したのは、日本の味は先人たちの長い努力によって「世界進出」していて、現在に至ってはサッカーだけでなくあらゆる分野において、世界で活躍する日本人はその恩恵を受けている、ということです。そしてドイツで調達できる日本食材の豊富な品揃えはアジア各国以上であり、私の予想を超えていました。むしろ入手できないものを探したほうがいいくらいです。品質も確かでどの食品も衛生管理面と味の点で信頼がおけましたし、注文すればすぐに配達してくれました。それはキッコーマンをはじめとする食品メーカーが、長い時間をかけて現地で築いてきた信頼と実績があるからでしょう。その努力があったからこそ、ドイツだけでなく欧州の各地に日本食が普及している、ということも言えます。

和食は一過性のブームなどではなく、世界各地で人々の日々の食卓に浸透している――ワールドカップドイツ大会の準備をしているときに、そのことを強く感じました。

そのようなわけで、食材の供給に関しては「足りないものが出てくれば現地でＪＦＣに注文できる」と思ってかなり安心していました。実際、魚類もサバ、サンマ、シシャモのほかウナギも調達できましたし、調味料もカレーのルーや酢、ごま油、マヨネーズ、味噌、ぽん酢などが現地で調達できました。そうめん、うどん、焼きそばなどの麺類、天ぷら粉、片栗粉、お好み焼き粉といった粉類、豆腐、こんにゃく、また漬物類にいたるまでＪＦＣから購入しました。持参したのは銀ムツ、銀ダラ、塩鮭、赤魚、ホッケなどの魚類のほか、現地で大量購入すると高額になる納豆、ふりかけ、佃煮、海苔、ひじき、もち（試合前に出す軽食で力うどんに入れるため）、また入手がむずかしいネギとゴボウといった食材でした。

日本代表が最終合宿を行なっているＪヴィレッジで、私も食材の手配と持参品の梱包に大わらわでした。いよいよワールドカップが始まります。

二十四番目の選手として

ドイツへと旅立つ前に、私にとって一つうれしいことがありました。日本サッカー協会総務として帯同する湯川さんが「西さんもチームの一員なのだから、代表シェフらしいかっこいいシェフコートをつくってやってよ」と、キットスタッフとして帯同する麻生さんに頼んでくれたのです。

そしてできあがったのが、代表のエンブレムと「24」の番号が入ったシェフコートとキャップでした。麻生さんは「西さんは二十四番目のサッカー日本代表選手ですからね」とおっしゃいました。チームの一員としてそこまで認めてくださっているのか、と感激してありがたく受け取りました。同時に「がんばらなくては」と身の引き締まる思いでした。

後日談ですが、このシェフコートはその後遠征のたびに着用し、チームの一員である、という自覚をますます高めてくれました。毎回袖を通すたびに、自分も日本代表であるという誇りと責任を感じます。二〇〇九年に日本代表のエンブレムが新しくなったときには、アディダスの山根威信さんがシェフコートを新調してくれました。その後、二〇一〇年ワールドカップ南アフリカ大会でも、二〇一一年アジアカップカタール大会でも、このシェフコートを着用しました。（カバー裏写真参照）

ドイツ大会で着用したシェフコート。

日本代表チームの海外遠征に帯同するときには、私も「二十四番目の選手」として、ピッチならぬ厨房でユニフォームを着て戦っているのです。

二〇〇六年五月二十三日、このシェフコート、愛用の包丁と調理器具、選手が到着した日に食べる分の米十キロをバッグに詰め、私はチームより一足早く、熱い期待を抱いて成田空港からドイツのボンに向けて飛び立ちました。

ドイツの厨房は完璧だった

日本代表が滞在するボンのホテルは周囲を緑に囲まれたとても気持ちのいいところでした。厨房や食事会場の衛生管理は、「さすがドイツ！」とうならされるほど完璧で、これまで遠征したホテルのなかでは最高レベルでした。厨房スタッフは「プロ」と呼ぶのにふさわしい仕事ぶりで、仕事中に無駄なおしゃべりはほとんどせず、やってほしいと頼んだことはきっちり全部時間内にやってくれて信頼がおけました。タイや中国では人数は十分に揃っているけれど、おしゃべりをしていつまでたっても料理があがってこない、片づけがされない、ということがありましたが、ドイツではそんなことはありません。働く人数がしぼられているので、全員が忙しくおしゃべりなどしている暇がなかった、と言ってもいいでしょう。ただし、頼んだ以上のことはやってくれないし、決まった時間以外は働きません。サービス残業などといった言葉は、きっと彼らの辞書にはないのでしょう。

皆黙々と仕事をするのですが、愛想が悪いわけではありませんでした。二〇〇六年には韓国のテレビドラマ『チャングム』がドイツで放映されて人気で、厨房にはテーマ音楽が流れることがありました。すると私をつついて〝Japanese song?〟と聞いてきて会話を交わしたりしました。当地でも人気の和食のつくり方について聞かれることもありました。それでも仕事以上の人間関係を築こうとするような姿勢はなかったと思います。親日とか反日とかいう気持ちもなく、どちらかと言えば無関心といえるものだったかもしれません。

その姿勢は日本代表チームに対しても見られました。アジア各地では日本代表選手もジーコ監督も大人気で、サインがほしい、一緒に写真を撮りたいから頼んでくれ、と厨房のスタッフたちから頼まれることが多かったのですが、ドイツではそういった経験はあまりありませんでした。もしかするとホテルの規則で「宿泊客にサインなどを求めてはいけない」と決められていたのかもしれません。ワールドカップの開催国なのですから、サッカーが好きで、一生懸命自国を応援しているのだとは思うのですが、仕事中にそういう話をするチャンスには恵まれませんでした。

ドイツのスタッフとブレージングパンの前で。
右は一緒に帯同した加藤シェフ。

私が到着してから二日後の五月二十六日、日本代表チームがボンに到着しました。ボンでは市をあげて歓迎ムードで、クールに見えた厨房スタッフも「いよいよ始まるな」と緊張と興奮の表情を浮かべていました。何と言っても、地元ドイツでの大会なのです。

どこまで勝ち進んでもいいように食材を準備

日本代表はドイツでの本大会が始まる前のテストマッチとして、マルタとドイツとの試合をしました。五月三十日に行なわれたドイツとの親善試合は2対2で引き分けましたが、試合の内容は非常によかったと思います。とくにドイツのブンデスリーガで活躍していた高原直泰選手が得点して大活躍でした。さすがにこのときは厨房のスタッフから「すしボンバー（高原選手はドイツでこう呼ばれていました）が得点したな」と声をかけられました。地元開催で、優勝候補になっているドイツに引き分けとはいえ二得点もしたわけですから、ドイツで日本代表は一気に注目を集めたようです。その後、六月四日に行なわれたマルタとの試合では1対0で勝利し、日本代表への期待はますます高まりました。

このときは決勝トーナメントに進出できるのではないかという雰囲気がチーム全体に漂っていました。ドイツ、ブンデスリーガのハンブルガーSVでの活躍で注目を浴びている高原選手、当時スコティッシュプレミアリーグのセルティックFCで活躍する中村俊輔選手、そして世界的に知名度が高いスターの中田英寿選手といったワールドクラスの選手たちが中心なのですから、メディアから注目を集めないわけがありません。日韓大会のときに活躍した黄金世代の選手たちが、ピッチにもベンチにもずらりと並んでいます。世界で一番早くワールドカップへの出場権を得て、事前のテストマッチでも上々の仕上がりを披露しました。

私もきっと決勝トーナメントに勝ち進んでくれるだろうと期待していましたし、どこまで勝ち進んでもいいように食材を準備していました。私自身もドイツでの生活に少しずつ慣れ、厨房スタッフとも打ち解け、気持ちが弾んでいました。

何が出るかわからない期待が食事の楽しさを増す

日本代表選手団がドイツに到着して一週間は、管理栄養士の方が作成した基本メニューどおりにつくっていました。ところが二週目に入ったとたん、選手の皆さんの食べる量が心なしか減ってきていることに気づきました。それはたぶん、その日のメニューが食事会場にやってくる前からもうわかってしまって、食事の楽しみが減じたためではないかと私は推測しました。

ぜいたくを言うな、という声もあるでしょうが、私には選手の気持ちがよくわかります。「今日の食事は何かな?」とわくわくしながら食事会場に向かい、思いもかけないメニューが並んでいると、食事をすることがもっと楽しくなるのではないでしょうか。楽しくなれば、食欲も増します。

アジアカップのときに中村俊輔選手から言われたことが頭に残っています。「西さんがシェフで来てくれると毎回のメニューのバラエティが広がるんだよね。『今日は何を出してくれるかな?』っていろいろ想像しちゃうから、食事会場に行くのも楽しみになる。ライブクッキングで、西さんがパスタをつくっているところに皿持って行列するときも、選手同士で『今日、おまえ何にする？』『俺、きのうペペロンチーノだったから、今日はクリーム系だな』とか話して盛り上がるし。選べる楽しさがある食事っていいよ。食欲わくよ」と言われたのです。

食事は栄養をとってエネルギーをたくわえるだけではない。それ以上に大きな楽しみであり、リラックスできる時間や場となることがたいせつなのだと私はつねづね思っていました。そして中村選手がそう言ってくれたことで、報われた気がして、いっそう楽しみを増すようなメニューを提供しようと心がけるようになりました。

二週目に入った六月十一日は、翌日に初戦となる対オーストラリア戦を控えた重要な日でした。選手にはしっかりと食べてもらわなければなりません。そこで前に記した基本メニューに、私のほうで少し手を加えました。以下が変化させたメニューです。


【パスタ類】

ライブクッキングで提供するパスタを二種類にして、スパゲッティとフェットチーネとする。ソースはトマト、バジル、ペペロンチーノ、カルボナーラ、明太子と数種類から選べるようにした。

【汁もの】

ジャガイモのポタージュをネギのコンソメスープに変更し、トマトスープを加えた。

【おかず肉類】

チキンチーズ焼きをチキンカツに変更。

【おかず魚介類】
白身魚のトマトソース煮を白身魚のエビ巻きに変更。
【おかず卵・豆腐】
麻婆豆腐を茶碗蒸しに変更。
【野菜料理】
ラタトゥイユをビーフン野菜炒めに変更。

ライブクッキングで提供するパスタは選手とスタッフの皆さんに好評で、試合前日ということもあり炭水化物をたくさん食べてもらいたいと思ってスパゲッティとフェットチーネの二種類のパスタを用意しました。また汁ものは、ホテル側が出すメニューとしてジャガイモを使ったスープが続いていたので、コンソメに変えてもらって変化をつけました。肉料理も、チーズを使った料理が続いてやや飽きている様子がうかがえたので、カツレツに変えました。ヨーロッパではどうしても料理にチーズを使うことが多く、野菜料理や魚料理にも使われますから、少し目先を変えてみたいと思ったからです。

魚料理は白身魚のエビ巻きにしました。豆腐料理は麻婆豆腐から茶碗蒸しに変えています。あっさりした味つけで食べやすく人気がある料理ですし、和食らしいものが食べたいだろう、という配慮からです。ほかに野菜料理ではビーフン野菜炒めを入れました。

ほかの日でも、鶏の唐揚げを鶏の桑焼きや塩焼きに変えたり、牛肉のアスパラ巻きをしゃぶしゃぶやすき焼きにしたり、卵料理にアサリの卵とじを出してみたり、といろいろ工夫しました。

またブラジル人のジーコ監督やスタッフのために、基本メニューにはなくても、毎食ポテトフライやマッシュポテトをホテルに用意してもらいました。

現地でどのような食材が調達できるかは、行ってみて実際に注文をかけてみないとわからない、ということも基本メニューどおりにつくるのがむずかしい理由の一つでした。魚類や肉類などは、たとえば鶏の胸肉と部位まで指定して注文しても、日本で見慣れたものとはまったくちがう品質のものが配達されてくることもあるのです。現地のスタッフが「うちで注文している最上の肉だ」と言って自信満々に出してくれても、日本で食べている肉と比べるとそれほどジューシーでなかったり、

コンロの手前にメニューを表示し、パスタのソースやトッピング、肉の焼き方まで自由に選べるように工夫したライブクッキング。

ややかたかったりすることも多いのです。

現地で入手できる食材を使い、できるだけ日本人の舌に合うような味にして提供するのが私の役目ですが、そのためには臨機応変に対応しなくてはなりません。メニューに書かれている食材が手に入らないのでつくれませんでした、ではすまないのが遠征中の食事です。

料理人としての私は、食材が豊富にあるなかでメニューどおりにつくるよりも、条件が厳しい環境でアレンジして何かしらつくりだすほうに燃えるタイプです。もしかすると、海外遠征に帯同するシェフとしては逆境に奮起して、なんとかやりくりするタイプのほうが向いているのかもしれない。ドイツ大会ではそう考えながら基本メニューをいろいろアレンジしました。

食事会場で感じた空気の変化

私は一日の大半を厨房か食事会場で過ごしていて、選手と接するのは食事のときくらいしかありません。サッカーのことをあまり知らない私ではありますが、それでも食事会場でのライブクッキングで、調理しながら選手たちと会話を交わしていると、チームがどんな状態にあるのかを感じることがあります。あたりまえですが勝てば食事会場の雰囲気は明るくなり、負ければ選手に声をかけるのもはばかられるほどぴりぴりした空気が流れます。

またチームが一つになって、試合を重ねるごとにどんどん盛り上がっていく空気を感じることもあります。二〇〇四年のアジアカップでは一試合ごとにチームの一体感が強まっていくのを感じました。選手たちは所属チームがちがっても声をかけあい、自分が食べ終わってもほかの選手たちがいるテーブルに行って話しこむなど、皆が食事会場で長い時間を過ごしていました。ベテランとされる三浦淳宏選手や藤田俊哉選手が全員をまとめようと、食事会場でも若手にひんぱんに声をかけている姿を見かけました。食べ終わった選手がずっと食事会場に残って談笑しているので、毎回片づけるのが遅くなるといううれしい悲鳴をあげました。

ドイツ大会のときにはアジアカップのときとは微妙にちがう空気を私は感じていました。昼食と夕食は全員がいっせいに食事にやってきて、練習以外でチーム全員が顔を合わせる機会となっています。ところがボンでは、テーブルにつく選手がスターティングメンバーのグループとサブのグループとに分かれているのです。それぞれがかたまって別々のテーブルで食事をしていて、選手の間に壁があるのを感じました。

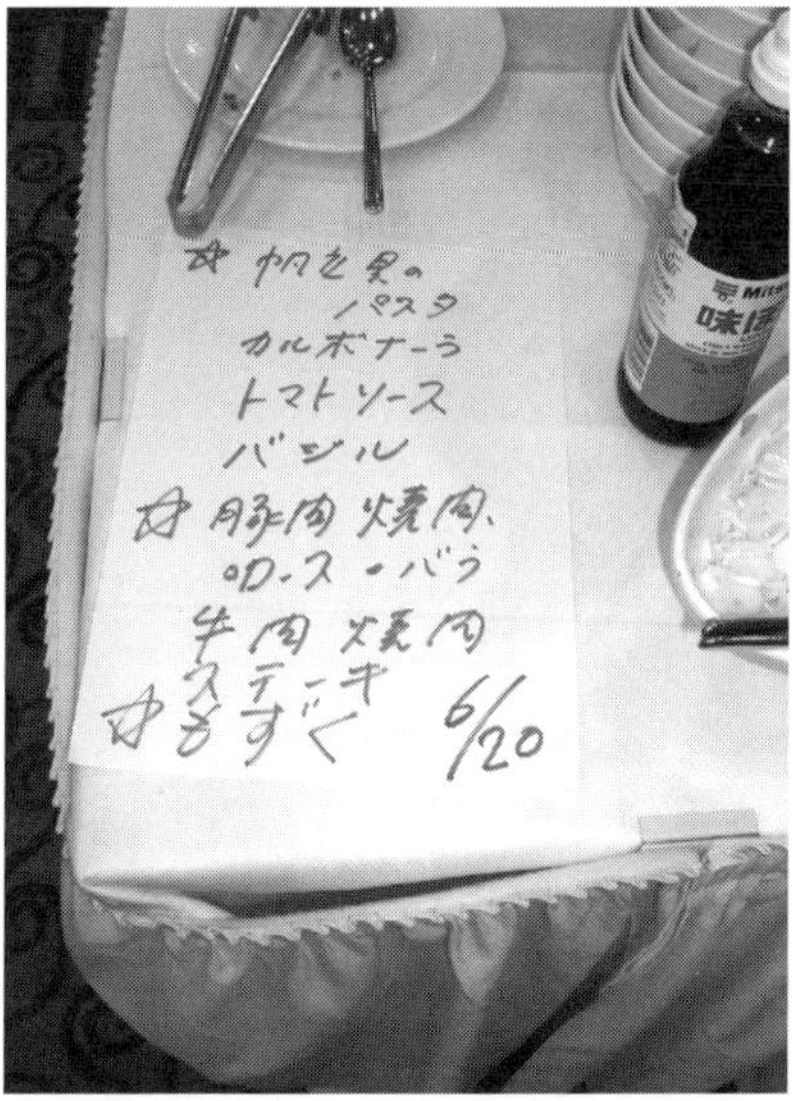

6月20日のライブクッキングのメニューのメモ。

しかし私はそれも当然かと思いました。試合に出場できるのは十一人しかいないのですから、チームメイトとはつねにライバルです。たとえチームメイトであっても激しい競争意識を持つようでなければ、チームとして強くなれないでしょう。皆でなかよく親睦をはかるためにドイツまで来ているわけではないのです。食事会場で感じた緊張感を、私は選手一人一人の「ぜったいに勝つ」という気迫のあらわれなのだととらえ、それを後押ししたい気持ちでいました。

怪我と体調不良の選手に心を痛める

ドイツ大会では怪我をする選手や体調不良を訴える選手が続出しました。センターバックの田中誠選手が怪我で帰国せざるをえなくなり、代わりに茂庭照幸選手が急遽日本から駆けつけました。柳沢敦選手は大会前に右足を骨折し、リハビリを急いで行なって大会には間に合ったのですが、無理がたたったのかテストマッチ後に軽い肉離れを起こしてしまいました。ドイツとのテストマッチでは、加地亮選手も相手チームのタックルを受けて右足首を捻挫して結局初戦には出場できませんでした。

そして食事会場の雰囲気が一気に暗くなってしまったのが、オーストラリア戦に敗戦した六月十二日の夜からでした。まだつぎの試合があるし、それに勝てば決勝トーナメントに進出するチャンスはあるはずなのに、そういう前向きな空気が感じられません。選手同士はほとんど言葉を交わさなくなり、もちろん笑い声が聞こえるはずもなく、黙々と食事をして、食べ終わるとすぐにみんな部屋に引きあげていきました。

勝負の世界は厳しいな、とそのときあらためて思いました。力のある選手が揃っていて、しっかりした準備をしてきたはずなのに、負けてしまった。予想以上にドイツが暑くて、選手がばててしまった、とメディアが書きたてたときには、選手が暑いなかでも最後まで走りきれるくらいのスタミナがつく食事を出していなかったのではないか、と私は頭を抱えました。私がいくら落ち込んだところで、勝敗がくつがえるわけではありません。私にできることは、最後まで選手が一〇〇パーセント以上の力が出せるように、食事の準備をすることだけです。

第二戦の対クロアチア戦に引き分けて、最後の対戦相手が強豪ブラジルとなりました。ブラジルに勝つことがグループリーグ突破の条件となり、厳しい状況になりました。ところがチームの雰囲気は、勝つしかないというところまで来たところで何か吹っ切れたような雰囲気に変わりました。ブラジル戦で玉田圭司選手のゴールが決まったときには、もしかするとこのまま勝って決勝トーナメントへ進めるかもしれないと淡い期待を抱いたのですが、すぐに同点になり、そして逆転されて1対4で敗戦。日本代表のワールドカップドイツ大会はその時点で終わりました。

何もできなかった自分が歯がゆい

選手たちとは一ヵ月をともに過ごし、食事のたびに顔を合わせていました。そのときなんとなく空気が重苦しいなと感じてはいても、何をどうしていいかわからないままただ日が過ぎてゆくだけでした。食事をつくって出す以外に私が何をするべきだったのか、また何ができたのかは、よくわかりません。自分も日本代表チームの一員である、という自覚が芽生えて一年近くたっていたのに、スタッフらしいサポートができなかった自分が歯がゆく、残念でなりませんでした。

ドイツ大会が終わってから、ある新聞で「窓がなくて薄暗く狭い食事会場だったので、選手がリラックスできなかった」と書いている記事を見かけて、私は気が滅入りました。

たしかにボンのホテルの食事会場には窓がありませんでした。でも、薄暗い部屋だった、というわけではないのです。照明は十分に明るく、清潔で心地よいインテリアでした。それに食事会場のドアを開ければ大きな窓があり、豊かな緑のなかを川が流れる美しい風景が一望できました。

ボンは小さくても落ち着いた感じのいい街でした。ホテルの周囲には川が流れ、季節もよかったので緑がいっぱいでした。けっして環境が悪かったわけではありません。選んだホテルが悪かった、というような記事を目にするたびに、「ホテルの環境はよかったですよ」と大きな声で言いたくなります。

日本代表チームを応援していた方々にとっては、最初の期待が大きかった分、よけいに落胆した人が多かったのではないかと思います。私もスタッフの一人としてそういった方たちに申し訳ない気持ちでした。

責任をとってやめよう

ドイツ大会が終わって日本に帰国する飛行機のなかでいろいろと考えました。私自身がワールドカップという世界的大会のすごさに気押されてしまったか、もしくははじめてのワールドカップということで気負いすぎてしまったのではないか？　食材の手配やメニューについて十分に準備をしたつもりではあったけれど、予想外の暑さという環境に対応しきれないところがあったのではないか？　日々の食事をつくって出すうえで、何かが足りなかったのではないか？　試合に負けたあと、食事会場の重苦しい雰囲気を少しでも変えるようなことができなかったのか？　そんな思いに駆られ、飛行機のなかでずっと落ち込んでいました。

私が何かしなかったから結果が出なかった、というわけではないでしょうが、私もスタッフの一員としての責任を感じていました。毎回、遠征に帯同するたびに「これが最後だと思って一生懸命やろう」と心に決め、本当にそのつもりで一回一回の遠征に精一杯取り組んできました。遠征中は睡眠時間がせいぜい五時間の毎日で、起きている間は気を抜くことができず、帰りの飛行機のなかで、軽くお酒を飲んでひたすら眠ります。

それでも選手やスタッフから「食事、おいしかったです」「西さんのごはんのおかげで、体調ばっちりでしたよ」と言われると充実感で満たされて、心地よい疲労感でぐっすり眠れます。最後に成田に到着するころには、また遠征帯同の要請があったら、一緒にがんばれる元気が出てくるのが常でした。

しかし、今回は飛行機のなかで疲れてはいても頭が冴えてなかなか眠れません。私にとっては、はじめてのワールドカップでした。コンフェデレーションズカップのときから、スタッフの配慮でスタジアムに行って試合を観戦する機会を得たのですが、そのときとは比較にならないほどスタジアムは華やかで緊張感がありました。これが世界のサッカーなのだ、ということを私も実感しました。そんなすごい大会に出場した日本代表が、満足な成績をおさめることができなかったことの責任は、私にもあるだろう。この遠征こそ、代表帯同シェフとして本当に最後の仕事だったのだ、とそのとき思いました。

それでも私は二〇〇六年に一緒にドイツで戦った仲間たちはすばらしいチームだった、と大会が終わったときも思っていましたし、今でも思っています。私をチームの一員として認め、一緒に喜んだりくやしがったりしてくれた選手やスタッフたちには、感謝の気持ちでいっぱいです。二年以上一緒に戦ってきて、そのすばらしいチームの集大成になるはずだった大会が不満足な成績で終わったのは何とも残念でしたが、それもまたサッカーです。みんなのサッカー人生がもっとすばらしく輝くものであるように、と祈る気持ちでした。

辞意を告げるも一蹴される

ワールドカップドイツ大会でグループリーグの三戦を二敗一分けという成績で終わった日本代表チームを取り巻く世間の空気は冷たいものでした。ずっと右肩上がりの成長を続けてきた日本サッカーの勢いが、足踏みをしている、いや退化しているという記事を読むたびに、私もうつうつとした気分になりました。

そんな重い空気のなかで日本代表監督がジーコ監督からイビチャ・オシム監督へと替わりました。ジェフユナイテッド千葉を率いて、長年降格ゾーンをさまよっていたチームを上位に引き上げ、二〇〇五年にはナビスコカップ優勝にまで導いた監督です。オシム語録という言葉が流行語になるほどで、人生とサッカーを語るその言葉には重みと深みがありました。

私がオシム監督と接したのは、二〇〇七年七月七日から二十九日まで開催されたAFCアジアカップ2007のときに遠征に帯同したときの一回だけです。オシム監督は「選手を甘やかしてはだめだ」という考えの方で、シェフの帯同についてはそれほど積極的ではありませんでした。私もドイツ大会のショックがまだ尾を引いていましたから、もしオシム監督になってすぐに帯同を要請されても、ほかの人にしてもらうように頼んだかもしれません。

ところが、私が一人でひそかに決めていた「辞意」はすぐに一蹴されました。ドイツ大会日本代表選手団の団長をつとめ、Jヴィレッジ代表取締役でもあった大仁邦彌さんがJヴィレッジにいらしたとき、「自分も責任をとってやめたいと思っています。つぎの監督からもし帯同の要請があったら、別の人を推薦してもらいたい」と話しました。大仁さんは私の話を半分も聞かないで言いました。「なーにわけのわかんないことをぐだぐだ言ってるんだ。監督がシェフを帯同させると言ったら、きみが行くんだよ」。その一言で私の話はあっさり打ち切られてしまいました。

私がそれ以上言い返さず、それでもやめます、と固辞しなかったのは、やはりお世話になった方々への恩返しはまだ終わっていないだろう、という気持ちがあったからかもしれません。私をチームの一員として受け入れてくれた日本サッカー協会のスタッフたち、それに「西さんの料理は最高！」などとおだててくれる代表選手たちへの恩返しはまったくできていません。

ドイツ大会から帰国して以来、「食事面でのサポートで、本当は自分にもっとできることがあったはずだ」という思いは消えずにずっと胸の奥のほうにくすぶっています。サッカーの試合がどれ一つとして同じものがないように、遠征先での厨房や食事会場の状況もホテルによって毎回ちがいます。遠征での失敗や後悔は、遠征で取り返すしかないのです。「あのときああしておけば」と後悔してうじうじと悩むくらいなら、そのつぎの遠征で後悔を吹き払うくらいの努力をすればいいのではないか。しだいに気持ちが「またがんばってみよう」という方向に傾いていきました。

大仁さんに「辞意」を告げて一蹴されてからしばらくして、「もし日本サッカー協会から海外遠征帯同の要請があれば、再挑戦してみよう」と思っている自分がいました。

オシム監督のもとでAFCアジアカップ2007へ

オシム監督が率いる日本代表チームへの帯同の要請がきたのは二〇〇七年七月に行なわれたアジアカップのときでした。インドネシア、マレーシア、タイ、ベトナムという四ヵ国の共催だったのですが、開催がいずれも高温多湿の地域で、日本サッカー協会のスタッフが衛生管理面に不安があると判断したことからシェフの私を帯同させたほうがいい、と決定されました。オシム監督から私に向けてのメッセージとして「現地のスタッフと連携をとってうまくやってください」とおっしゃったことがスタッフを通じて伝えられました。私もオシム語録などを読み、奥の深い言葉の意味を私なりに咀嚼して現地に入りました。

私のこれまでの経験から、アジア、とくに東南アジアのホテルでの衛生管理は、ハサップの基準を満たしていないところが多いことがわかっています。一流ホテルでさえも、食品にふれるのに満足に手を洗うことや調理器具を十分に消毒することすらしないところがありました。衛生面で安全な食材を調達することにも気を配らなければなりません。

暑さのため現地の人でも昼寝をしてゆっくりのんびり過ごさないと体力が持たない、という地域でサッカーのような激しいスポーツをするのですから、食事での栄養補給には十分に気を配らねばなりません。食事が原因で大事な試合に敗れるようなことがあってはなりません。そこでアジアカップは、ワールドカップでドイツに行くのとはまたちがった緊張感がともなう遠征になりました。

ＡＦＣアジアカップ２００７は予選を勝ち抜いた十六チームが四チームずつにグループ分けされ、インドネシアのジャカルタとパレンバン、マレーシアのクアラルンプールとシャー・アラム、タイのバンコク、ベトナムのハノイとホーチミンという七都市、八か所のスタジアムで開催されました。日本はカタール、ＵＡＥと開催国のベトナムと同じグループＢに入り、ベトナム第二の都市、ハノイで一次リーグを戦うことになりました。

ベトナムは第二次世界大戦、フランスからの独立戦争、南北分断からベトナム戦争と国土が長期にわたって戦場となってきた国です。一九七五年にベトナム戦争が終結したあとも、カンボジアに侵攻し、中国と中越戦争を繰り広げました。ようやく平和が訪れたのは一九九〇年代に入ってからです。そして旧宗主国だったフランスと一九九三年に和解し、九五年にはアメリカとの外交関係が樹立して東南アジア諸国連合に加盟が認められたあとは、急速な経済復興を遂げています。ハノイの街の街路は、通勤時間帯ともなるとオートバイと自転車が密集して走り、誰もが競い合ってクラクションを鳴らすので、歩道で信号待ちをしていると隣に立っている人の声も聞こえないほどです。

経済が発展するとともにサッカーの人気も高まっているらしく、自国ベトナムが試合をするときには四万人収容のスタジアムがほぼ埋まり、大声援を送っていました。

オーラがあったオシム監督

私はこのときの遠征ではじめてオシム監督にお目にかかりましたが、第一印象は「オーラがある」ということでした。体格が立派だ、というだけでなく、眼光が鋭く、全身から人を圧するオーラを発散している方なのです。直接言葉を交わす機会は多くありませんでしたが、そばで見ているだけでもその迫力は伝わってきました。

ほかのスタッフがオシム監督から聞いたという話をいろいろ教えてくれました。ユーゴスラビア社会主義連邦共和国が一九八〇年のチトー大統領の死後、いくつもの紛争があって解体していった経緯について、私はくわしいことは知りませんし、今も語れるほどの知識は持っていません。それでもオシム監督が生まれ育ったサライェボが、クロアチアの独立を求める紛争が飛び火したボスニア紛争で、一九九二年から九五年にかけて激しい戦場となったことは本を読んで知っていました。その前のイタリア・ワールドカップでベスト8の快挙を成し遂げたユーゴスラビア代表チームを率いていたのがオシム監督であることはスタッフから聞きました。オシム監督は紛争に抗議してユーゴスラビア代表監督を退任しましたが、それから二年半もサライェボにいる奥さんや娘さんと会えなかったそうです。オシム監督が発しているオーラは、もちろん監督としてのすばらしい実績もさることながら、それほどの修羅場をくぐり抜けてきたことで肝が据わっていることにあるのかもしれない、と思いました。

オシム監督はベトナムが長く戦場であったことに関心を示し、ベトナムの国や人々に対して敬意を表する、とおっしゃっていたそうです。自身が戦争の理不尽さに翻弄されながらも、屈せずに生き延びた人であるからこそ、戦争に苦しんできたベトナムの人たちの気持ちに理解と共感があったのでしょう。

オシム監督も絶賛した西流フォーの味

この遠征帯同で印象に残っているのは、暑さと湿度の高さです。これまでもタイ、インドといった高温多湿の国を経験していましたが、ベトナム遠征のときほどの高湿度は経験したことがありませんでした。遠征が長期にわたったこともあって、まとわりつくような湿気で汗も十分に出ないような気候は選手の体力を消耗させたようでした。

そこでオシム監督をはじめ選手たちにも大好評だったのがベトナムを代表する料理のフォーです。米粉でつくられた平たい麺に、鶏肉や牛肉からとった薄味のあっさりしたスープをかけた料理で、肉や野菜などをのせて食べます。ベトナムでは屋台や家庭でよく食べられるだけでなく、高級レストランのメニューにもあって、言ってみれば日本のラーメンのような存在です。暑くて湿度の高い地域では、あっさりした味のスープとつるつるした喉越しのよい麺が食欲をそそるのでしょう。

オシム監督は昼食と夕食の両方にフォーを注文されたので、私は現地のホテルのスタッフにつくり方を教えてもらって、ライブクッキングで提供することにしました。ホテルでは基本的に夕食しかフォーを用意していなかったためです。

前にも書いたように、海外遠征先で滞在するホテルの厨房スタッフとはお互いによく料理を教え合うのですが、ベトナムではフォーのつくり方を教えてもらいました。（お礼にベトナムのシェフには照り焼きのたれのつくり方や日本のカレーを教えました。）ベトナムのホテルのシェフに教わった本場のフォーですが、味つけやトッピングを自分で選べるようにしました。味つけにはコリアンダー、唐辛子、ニョクマムやレモンを好みでつけるようにし、トッピングもベトナムでは必ずと言っていいほど使われるコリアンダーだけでなく、ネギや玉ネギを並べました。

私は食欲を落とさない工夫として、生の唐辛子をのせることもしてみました。また日本人にも食べやすいように香辛料を少し控えめにしたおかげで、ライブクッキングでも好評でした。

毎食フォーを注文していた中澤佑二選手からは「西さんのフォーはくさみがなくてとても食べやすい。現地のフォーよりうまいですよ」と言われました。中澤選手がフォーをはじめエスニック料理に興味を持っているようなので、フォーで使われるニョクマムという醤油のような調味料やベトナム料理に使われる香辛料について話しました。中澤選手は日本に帰国してからも、ベトナム料理店を探してフォーを食べに行く、というほど気に入ったそうです。そして「西さんがつくるフォーの味にはまだ出会えていない」とも言ってもらっています。

オシム監督もフォーが大好物でした。大会期間中の夕食は大好きな相撲のテレビ放送が終わってから食事会場にこられ、まずフォーを注文されました。またチーズも大好きだったので各種用意しました。

アジアカップが終了して空港のラウンジで搭乗を待っていると、オシム監督がスタッフや選手たち一人ひとりに言葉をかけていました。私にも「いろいろありがとう。またパスタをつくってくれよ」とおっしゃいました。サッカーのことだけでなく、食事の内容についてもいろいろと観察されていたことを知り、お礼の言葉をありがたく受け止めました。

日本代表は新しい一歩を踏み出した

この大会ではオーストラリア、韓国、日本という、ワールドカップに出場した経験があるアジアの「強豪国」が軒並み苦戦しました。日本はなんとかグループリーグを一位通過しましたが、オーストラリアも韓国も二位通過となって決勝リーグの試合のために移動を強いられました。ピッチの悪さにも悩まされた、と聞きました。暑さのためでしょうか。芝がところどころ禿げていて、凹凸があるピッチでは、パスをまわして攻撃を組み立てようとするチームがボールコントロールに苦しんでいたといいます。

それ以上に立っているだけでもじっとり汗がにじんでくるような暑さと、その汗以上にまとわりついてくる湿気に選手たちは悩まされたようです。私も食事の準備の合間に買い出しに出かけて帰ってくると、着ているものが汗と湿気で生乾きの洗濯物のようになっていて不快でした。ましてや選手はピッチを走り回らなくてはならないのですから、相当にまいっていたのではないかと思います。日本人はそれでも高温多湿の気候に慣れているからいいでしょうが、ヨーロッパで活躍する選手が多いオーストラリア代表チームにとってはつらかったようです。日本と対戦した準々決勝ではPK戦となりましたが、日本の選手以上にオーストラリアの選手たちは身体が重そうに見受けられました。

日本代表は準決勝でサウジアラビアに2対3で敗れ、三位決定戦でもPK戦で韓国に負けて四位で大会を終えました。

ドイツ大会後、オシム代表監督に替わり、大きな期待をかけられて新生日本代表が船出して一年で迎えたアジアカップ2007でした。残念ながら最高の結果は出ませんでしたが、「日本らしいサッカー」を掲げたオシム監督のもとで、選手やスタッフからは「何かを変えなくてはならない」という気持ちがあることが伝わってきた遠征でした。

岡田武史氏が代表監督に急きょ就任

二〇〇七年十月にはその年最後の日本代表公式試合となるエジプトとの親善試合が行なわれ、日本は4対1で快勝して翌年から始まるワールドカップアジア地区予選に大きく弾みをつけました。失意のドイツ大会から一年半、新生日本代表は確実に変化し成長していることを感じさせました。

そんな期待感に冷水を浴びせるようなニュースが流れたのが、その年の十一月十七日です。前夜、オシム監督が自宅で急性脳梗塞を起こして倒れた、というニュースでした。オシム監督と一緒に遠征したのは一回だけでしたが、圧倒されるほどのオーラと、選手を見つめる厳しくもやさしいまなざしを思い出して、一日も早い快復をお祈りしました。

しかし二〇〇八年はワールドカップ予選が二月から始まります。一月には親善試合があり、二月には中国・重慶で東アジア選手権も開催されます。もしもオシム監督が早期に快復しない場合には、代表監督が不在か代理のまま年初からのむずかしい試合を戦っていかねばなりません。どうなるのだろうか、と私も心配していたら、十二月はじめに岡田武史氏が代表監督に就任する、というニュースが流れました。

私はこれまで四人の日本代表監督と行動をともにしましたが、どの監督を見ていても「代表監督というのはなんというたいへんな仕事なのだろう」と私のほうが苦しくなるほどの重圧を感じます。勝っても負けてもメディアやファンからいろいろ言われ、試合はすべて勝たねばならないという重い責任を背負います。どの監督も、遠征の食事会場でさえもめったに笑顔を見せることがありません。いつも眉間にしわを寄せているその顔を見ているだけで、いかにストレスのある仕事なのかが察せられて、私などは想像しただけで胃が痛くなるほどです。

それほどの重い責任のある仕事を、岡田監督はまたもや引き受けようというのです。しかもフランス大会のときと同じく、途中交代で引き継ぐのです。前の監督と何かと比較されるでしょうし、より強く結果が求められるでしょう。そんな仕事を引き受けるとは、なんと強い信念の持ち主なのだろう、と思いました。

実は私は、岡田監督が「浪人中」(ご本人の弁)にJヴィレッジにいらっしゃったとき、酒席にお邪魔して一度お会いしています。そのときはサッカーの話題はいっさい出ず、環境問題や教育のことなどさまざまな話題で盛り上がって、楽しい時間を過ごしました。岡田監督は話題が豊富でふところが深く、一緒に飲むと時間を忘れるほどでした。でもそのときはまさか、つぎに代表監督と帯同シェフとして会うことになるとは夢にも思いませんでした。縁というのは本当に不思議なものです。

冷や汗が出る思いだったカタール戦

二〇一〇年ワールドカップ南アフリカ大会に向けての日本のアジア地区予選は、第三次から始まりました。私は二〇〇八年六月七日にマスカットで行なわれた対オマーン戦以後、最終予選の最後の試合となった二〇〇九年六月十七日にメルボルンで行なわれた対オーストラリア戦まで、予選のための七回の遠征すべてに帯同しました。

どの遠征も記憶に残っていますが、なかでも冷や汗をかく思いで忘れられないのが、二〇〇八年十一月十九日にアジア地区最終予選でカタールと対戦したときの遠征です。

最終予選は二〇〇八年九月六日の初戦から、順風満帆とはいかない船出となりました。第一戦のアウェイ、対バーレーン戦では、日本はオウンゴールというミスも出て、勝ちはしましたが3対2の辛勝でした。第二戦の対ウズベキスタン戦は十月十五日に埼玉スタジアムで行なわれ、前半に先制されましたが、玉田圭司選手のゴールで追いついた、という試合でした。バーレーンもウズベキスタンも日本が本来の力を発揮すれば十分勝てるはずの相手であり、とくにウズベキスタン戦はホームで引き分けだったことで予選の先行きに暗雲が漂う、ということをメディアが書きたてました。「まだ最終予選が始まったところで、長い予選の間にはいろいろある」と岡田監督は試合後の記者会見でおっしゃっていましたが、日本のサッカーファンからは「本当にワールドカップに出場できるのだろうか？」という懸念の声があがっていました。

そんななかでのカタール遠征でした。もしもカタールに負けるようなことになれば、日本のワールドカップ出場は一気に危うくなります。暗雲が漂うどころではなく、崖っぷちに立たされてしまうことになりかねません。そんな危機感がありました。

不安要素が度重なる

ドーハのジャシム・ビン・ハマド・スタジアムで行なわれる試合に備えてドーハに入った日本代表には、アウェイの地というだけでなく不安材料がありました。一つは守備の柱となるセンターバックの中澤佑二選手とゴールキーパーの楢崎正剛選手が、怪我のために遠征に帯同できなかったことです。

中澤選手は本当にまじめで礼儀正しい人です。代表での経験も豊富ですし、キャプテンもつとめていてチームの大黒柱と言っていい存在です。朝の食事会場には必ず一番に来ます。前の日に試合があって遅い時間に夕食をとることになっても、翌朝七時に朝食開始ならば七時少し前にはもう食事会場に来るのです。私が「いつも早いですね」と中澤選手に声をかけると、「夕飯を控えめにしているから、朝、腹が減って目が覚めちゃうんですよね」と言います。しかも朝からいつもちゃんとして、だらだらしている様子がありません。食べるものにも気を遣っていて、油脂分や甘いものを摂らないようにつねに厳しく自己管理しています。休憩時間にも必ずホテルの廊下で一人黙々とストレッチや筋トレをしていて、その姿を見かけるたびに感心しました。本人は「時間が空いていると、つい身体を動かしたくなるんですよ。休むのが恐いのかもしれない」と笑いますが、それだけではないでしょう。おそらく若手の選手たちに、休憩だからといってゲームで遊んでいるばかりでなく、合宿中はつねに一定の緊張状態を保っておくのだ、という姿勢を見せたかったのだと思います。プロのサッカー選手というのはこうやって自己管理しているのだ、というお手本のような人です。

楢崎選手もベテランで、代表でも長く最後の砦となるゴールを守ってきました。代表歴も中澤選手と同じくらい長くて二人は仲がよく、川口能活選手とともに代表チームを引っ張っています。試合に出場してもしなくても、黙々と練習に励んで、チームを支え続けている、という点では楢崎選手も中澤選手と同じでした。

二人が時間をつくり、「散歩隊」と称して代表のチームメイトを誘って散歩に出かけるのをよく見かけました。代表に来て日が浅い選手たちにも声をかけて誘っていました。短い時間ではあってもベテランの選手とともに練習以外の時間を過ごすことで、代表の「新人」選手も雰囲気に溶け込みやすくなっているようです。

その二人が怪我で遠征に帯同しません。もちろん代わりの選手も十分な実力と経験があるでしょうが、ワールドカップの最終予選という「ぜったいに負けられない戦い」で、しかもアウェイで戦うとなると、やはり経験豊富な二人のベテラン選手がいないことからくる不安があります。

それでも岡田監督は食事会場ではいつもどおりの様子で、スタッフの人たちと一緒に淡々と食事をしていました。その姿からは、ベテランの二人がいなくても残った選手と新たに選ばれた選手で試合に臨まなくてならないのだ、という覚悟を感じました。その様子を見て、私が心配することではなく、自分の仕事に集中して取り組むしかない、と思い返しました。

川口能活選手が壁を叩いて怒鳴った

そのような事態にあって、食事が関係しているかもしれない「事件」が起こったのです。ドーハに入った直後から、体調を崩す人が続出し、チームの三分の一の選手がおなかをこわしたり、熱を出したりして寝込んでしまう、という「事件」でした。チームドクターも何が原因なのかをつかめないまま、発熱や下痢の症状を訴える選手たちの治療にあたる日が続きました。何も食べないと体力がたちまち落ちてしまいますから、私もおかゆをつくったり、少し症状が改善した選手には消化のいい薄味のうどんをつくるなどしました。現地の滞在先ホテルのシェフには、お互いにこれまで以上に注意して調理をしよう、と声をかけました。

楢崎選手がいないので、ゴールキーパーは川口能活選手と川島永嗣選手しか帯同していませんでした。肝心の川口選手の状態が悪くて、練習ができないどころか起きあがることさえできない日が続きました。私がつくったおかゆをドクターが持って行くと、川口選手が壁を叩いて「俺はこんなところまで寝るために来たわけじゃない」と怒鳴ったそうです。苛立ちがよほどつのっていたのだと思います。私にできることはおかゆをつくることくらいしかありません。そんな自分を歯がゆく感じるほどでした。

ウズベキスタン戦で同点ゴールをあげた殊勲者の玉田圭司選手も発熱に悩まされていました。結局玉田選手は、試合当日の朝に起きて来て、試合に出場しました。

そんなチーム状態だったのに、日本代表は3対0でカタール代表に快勝したのです。田中達也選手のすばらしいゴールが決まったときには、私も飛びあがって拍手をしました。ドーハに入ってからつぎつぎと選手たちが寝込んでいる姿を見るたびに、目の前が暗くなるほどのショックを受けていたのですが、それが吹き飛ぶようなうれしさと安堵をおぼえました。

ドーハのミステリー

勝ったからよかったのですが、これがもし……と思うと今でも冷や汗が出ます。帰りの飛行機のなかで、日本サッカー協会のスタッフの人たちと「ハサップに示された安全確認のための手順を神経質なくらい守って衛生管理には気を配っていたのに、腹痛や下痢で苦しむ選手が出たのはなぜなのか？」と話し合いました。水だろうか？　それとも食べ物だろうか？　厨房内の清掃、調理器具の管理、食材の保管、選手の体調管理、現地の環境や気候など、あらゆる角度から危険因子をあげて探っていきました。体調を崩したのが全員ではなく、一部の選手だけだったことから、水や食べ物といった皆が口にしているものではないのではないか、ということになりました。

だからといって、原因が究明できたわけではありませんから、私の責任がなかったとは断言できないわけです。スタッフは最後に「結局、食あたりも集団のウィルス感染による病気も、起きるときには起きるし、起きないときには起きないんだ。どれだけ用心していても、体調不良は起きるときには起きてしまう。これまでもドーハよりも衛生管理がなっていないところで食事をしてもなんともなかったこともあったのに、なぜ今回だけ起きたのかは結局ミステリーとしか言いようがない」と締めくくりました。暗に「おまえの責任ではないよ」と言ってくれているのだとは思いましたが、私のなかでこの事件は、「ドーハの悲劇」ならぬ「ドーハのミステリー」として今も脳裏に刻まれています。そしてその後、海外遠征に出るたびに「ドーハのミステリー」を思い出し、あらためて衛生管理の手順に細心の注意を払わなくてはならないと心しています。

いよいよ南アフリカ大会へ

日本代表は日本で行なわれた対オーストラリア戦に0対0で引き分け、つぎの対バーレーン戦では1対0で勝っていよいよワールドカップへの切符獲得に王手をかけました。二〇〇九年六月六日、ウズベキスタンのタシュケントで行なわれる対ウズベキスタン戦に勝利すれば、グループ二位以内を確保し、ワールドカップ出場が決まります。

大事な試合に備えて、私も遠征帯同の準備を怠りませんでした。私はウズベキスタンに行くのははじめてです。帯同が決まると、現地の情報を協会のスタッフと旅行会社の担当者がいろいろ調べて提供してくれますし、私自身も調べます。地図を見ると、中央アジアに位置するウズベキスタン共和国は国土の八〇パーセントが砂漠で、農業が盛んではない、とあります。旧ソビエト連邦に属していたときに、綿花栽培が割り当てられてそれしかつくってこなかったそうです。現在の主産業は鉱業で、食糧自給率は今も低い、と書いてありました。内陸の国で、国境を二回越えないと海に行き着かない、ということから考えても、魚介類をはじめ日本代表チームが求める食材を現地で調達するのはかなりむずかしいことが察せられました。

魚介類や米、野菜だけでなく、パスタなどの食材の調達もむずかしいだろう、という判断から、五日間の遠征に向けて必要な食料のほとんどを日本から持ち込むことにしました。魚はホッケ、石ガレイ、サバ、銀ムツ、銀ダラ、サンマ、塩鮭、ウナギ、シシャモ、赤魚などを冷凍して持っていくことにしました。調味料として日本酒、醤油、みりん、焼き塩、焼肉のたれ、マヨネーズ、ケチャップに加え、タバスコや豆板醤、

発泡スチロール箱を使い、瓶など重いものと海苔などの軽いものを組み合わせて入れ、重くならないようにする。

オイスターソースも入れました。スパゲッティやリングイネなどのロングパスタや、ペンネなどのショートパスタ、中華麺、うどんなど麺類は炭水化物を摂るために欠かせません。現地で米の調達も困難だというのでこのときは日本米七〇キロも持参しました。いつものように漬物や梅干、佃煮、豆腐なども持参食材に入れ、野菜も大根、ネギ、ゴボウを入れました。

ワールドカップ出場が決まるかもしれない試合ではありましたが、選手もスタッフも落ち着いていていました。まだオーストラリアとの対戦を残していましたし、予選を戦ううちに徐々にチームとしての自信が出てきたことがあるのでしょう。タシュケントの気候は、日中は気温が高く三〇度を越えますが、日が落ちると一気に気温が十八度まで下がるという典型的な内陸型です。砂漠地帯のためか乾燥していて、のどや皮膚が乾くのは困りましたが、食材の衛生面では少し安心です。暑くても乾燥しているので選手たちも東南アジアよりは過ごしやすかったのではないかと思います。

試合は前半の九分に中村憲剛選手のパスを受けた岡崎慎司選手がシュートを放ち、いったんははじかれますがすぐこぼれ球を押し込んで先制点をあげました。後半はもうあとがないウズベキスタンにずいぶん攻め込まれてひやひやしましたが、この一点を守りきって勝利！ 四大会連続のワールドカップ本大会出場が決まりました。ホテルのテレビで試合を見ていた私も、チームの一員として喜びをかみしめました。

失意のうちに終わったドイツ大会から三年。新生日本代表は選ばれた三十二カ国の一つとしてワールドカップに出場する権利をしっかりと勝ち取りました。「さあ、ワールドカップだ！」とこぶしを突き上げるところかもしれませんが、最初に感じたのは安堵です。これまで一緒にアジアの各地に遠征してきた選手とスタッフたちの苦労がようやく報われた、と思いました。そしてこのときから私は「ドイツ大会での経験を生かし、南アフリカ大会では必ずチームに恩返しができるように完璧な準備をしよう」という気持ちで一年を送ることになります。

第三章　ワールドカップ南アフリカ大会に向けて

はじめてアフリカの大地を踏む

二〇〇九年十一月十四日、南アフリカ共和国の南部の港町、ポートエリザベスで日本代表と南アフリカ代表の親善試合が行なわれました。ワールドカップの前に選手たちが開催地を体験しておく機会として組まれた親善試合です。南アフリカ大会へ日本代表にシェフとして帯同することが決まっていた私にとっても、事前に情報収集するいい機会となりました。

二〇〇九年六月に行なわれたワールドカップ最終予選、対ウズベキスタン戦でワールドカップ出場が決まってから、私は日本サッカー協会のスタッフや旅行会社の担当者と南アフリカの気候、食糧事情や治安について情報交換を重ねました。また自分でもインターネットを駆使していろいろ調べていました。しかし実際に現地に行って調理を体験することほど、貴重な情報が得られる機会はありません。欧州、中東、アジア諸国は遠征で何度も訪れているので食材の入手などはある程度想像がつくのですが、南アフリカは日本からあまりにも遠く（日本から空路で経由地を経て二十四時間かかります）、インターネットの情報だけでは実際の様子が想像しにくいのです。

南アフリカ共和国というと、誰でもすぐに頭に浮かぶのが「アパルトヘイトという人種隔離政策が長年実施されていた」ということでしょう。二十年以上刑務所に収監されながらも、アパルトヘイト撤廃のために抵抗運動を指導してきたネルソン・マンデラ氏が、釈放後、南アフリカではじめて行なわれた、有色人種もふくめた民主的な選挙で大統領に選ばれた、ということくらいは私も知識として持っていました。

実際に行くことになってから興味を持って調べていくうちに、アパルトヘイトが撤廃されてまだ二十年しか経過していないことや、アパルトヘイトの時代にはその政策が国際社会から批判を浴びてワールドカップに出場することすらできなかったことを知りました。

その地でワールドカップが開催されるのです。どんな国なのだろう？　どんな大会になるのだろうか？　私の好奇心は刺激されました。

南アフリカの現地食材と衛生状態を事前調査

歴史はさておき、「南アフリカに行く」と言うと、誰もが口をそろえて「治安が悪くて危険なのではないか？」「水道や電気などのインフラは整備されているのか？」と不安そうに聞きます。日本サッカー協会総務の津村尚樹さんはワールドカップ南アフリカ大会への出場が決定してから何回か現地を訪れ、安全や交通の便などの情報を実際に自分の目でもチェックしていました。津村さんからは「安全を十二分に検討したうえで遠征のスケジュールを組んでいますし、危険なところに一人で行かないかぎりは大丈夫です」と言われていたので、私自身はさほど心配はしていませんでした。

ただ、ホテルの厨房の衛生管理と、使える食材がどの程度あるのか、という点に関しては少なからず不安がありました。

　ワールドカップは事前合宿からふくめると最長で一ヵ月半にわたる遠征となります。五十人あまりの人数の三食分の和食食材をすべて日本から持参すると、たいへんな重量になることが想定されます。全部持参するとなると運搬方法から考えなくてはなりません。すべてを飛行機で運ぶと重量から考えて費用が相当に割高になるので避けたいところです。日本から運ぶ食材を減らすためには、現地で和食用の食材を見つけるしかありません。南アフリカの地で和食用食材がどこまで調達できるか？　それを調べることもこの遠征での一つの大きな目的でした。ドイツ大会のときには和食の食材のほとんどが現地で調達できましたが、さすがに南アフリカではそこまではむずかしいでしょう。たとえ使用できる食材が市場にあったとしても、品質はどうだろうか？　肉や米、野菜は安全で味のよいものがどの程度手に入れられるか？　どんな食材が入手できるのかを実際に自分の目で確かめてみよう、と考えていました。

　南アフリカはもちろんはじめて行く国ですし、そもそもアフリカの大地も踏んだことがありません。実際に行って、自分の目で見ないことには、メニューを組むことさえできないだろう。そんなことを考えながら、まだ見ぬ異国の地、南アフリカ遠征の準備を始めました。現地で入手できる食材の判断がつかず、今回は短期間の遠征だということもあり、このときは米や野菜もふくめて和食用の食材はすべて持参しました。

予想外によかった南アフリカの食材

日本代表と南アフリカ代表の親善試合が開催されるのは、ポートエリザベスにあるネルソン・マンデラ・スタジアムです。ワールドカップの会場として新しく建設され、収容観客数が約四万八千人の美しいスタジアムです。

二〇〇九年十一月十日、サッカー日本代表の海外遠征を担当する西鉄旅行の担当者、瀧森誠さんとともに、私はポートエリザベスに先乗りしました。滞在先はポートエリザベスの一流ホテルで、厨房の設備も衛生管理も高いレベルにあって驚きました。そのレストランのシェフは、聞くところによると南アフリカで開催される料理選手権での受賞歴があるという優秀な料理人ということです。二十七歳という若さでありながら、料理の腕前が優れているだけではなく、厨房のトップに立つシェフとして管理能力もある人でした。食材の手配から人員の配置まで、厨房は彼のもとでしっかりコントロールされていたのです。衛生管理についても、消毒、掃除、食品の保存方法とどれをとってもドイツ並みの完璧さです。厨房で働く料理人から補助の人まで統制がとれていて、プロの仕事ぶりです。これほどまでにレベルが高いとは想像していませんでした。これならワールドカップでも完璧な仕事ができるだろう、とまず胸をなでおろしました。

そしてレストランが仕入れている牛肉も豚肉も肉質がよく、しかも値段が手ごろです。とくに鶏肉はジューシーで美味でした。ワールドカップのときには選手やスタッフたちにおいしい肉を食べてもらえるだろう、と期待できる味でした。

親善試合は0対0のスコアレスドローでしたが、選手、スタッフとも南アフリカの空気に触れ、実際に自分の目で見たおかげで貴重な情報を得ることができました。その意味で私にとって、非常に有意義で、収穫が多かった二〇〇九年末の南アフリカ遠征でした。

南アフリカにおける和食用食材状況

和食用食材がどこまで手配できるか、という肝心の点については、二〇一〇年になってから津村さんがヨハネスブルグにある日本料理店「だるま」に連絡をとり、また私も日本にあるＪＦＣに問い合わせて調査しました。その結果、ケープタウンに「テイスト・オブ・アジア」という中華料理、韓国料理、和食用の調味料や食材を販売している会社があり、そこから醤油など調味料が調達できる、ということがわかりました。ケープタウンにはその会社が経営する「テイスト・オブ・ジャパン」という和食レストランもあり、寿司などを提供している、とのことでした。さっそく会社に連絡をとったところ、酒、みりん、醤油といった調味料はまず問題なく入手できることが確認できました。また中華用食材も扱っているので、餃子や春巻きなども仕入れることができることをつかみました。

なぜ南アフリカにアジア系の食料品販売の会社があるかというと、中国人と韓国人がこの地に数多く居住しているからです。とくにアフリカの資源を求めている中国は、南アフリカでも盛んにビジネスを展開していて、大勢の中国人たちが居住して働いている、と聞きます。中華の食材もスーパーマーケットに何種類も売られていて、いざとなれば干しシイタケやスープの素くらいは購入できるだろうと思うと安心でした。

サポートスタッフの準備が本格化

代表選手の発表は二〇一〇年四月になりますが、チームを裏で支えるサポートスタッフの準備は南アフリカ大会出場が決まったときから始まっていました。岡田監督はサポートスタッフもチームにとって欠かせない重要な一員と考えておられました。監督に就任された直後に、私も岡田監督から日本サッカー協会に呼ばれて「日本代表の海外遠征のときの食事はどんな感じで出しているのですか？」と聞かれたことがあります。調理や食材についてのこまかいことを聞きたいわけではなく、おそらく私がスタッフの一員としてどのようにチームにかかわっているかを知っておきたかったのでしょう。

岡田監督には、サポートスタッフがチーム、とくに選手とどのようにかかわるべきか、ということについて独自の意見がありました。基本的な姿勢として「それぞれが担当する仕事については、皆一流のプロだから全面的に信頼して任せている。だが、選手と接する態度として、選手よりも前に出てくることや、選手に迎合することはチームの和を乱すのでくれぐれも気をつけること」ということを求めておられました。サポートスタッフも日本代表チームの一員なのだから、チームが一つになって力を発揮するために、自分は何ができるのかをよく考えるように、ということなのだと思います。

また岡田監督は「勝負の神様は細部に宿る」という哲学を持っている方で、細かいところまでしっかりと準備をすることが、ぎりぎりの勝負において勝利を引き寄せるのだ、と考えていらっしゃいました。

サポートスタッフの一人ひとりが岡田監督のそういう考えを汲み取り、担当する仕事の範囲内でできるかぎりの準備をしようということになりました。そうは言っても、スタッフ全員で話し合いをして目標や任務を決めたわけではありません。日本代表チームのサポートスタッフは、短い人でも三年以上の経験があります。ともに遠征した回数も数十回に及びます。意思の疎通は十分はかれていました。南アフリカ大会を目前に控えたこの時期に、一人ひとりがやるべき仕事をわきまえ、互いの仕事を尊重し、情報はできるかぎり共有し、同じ目標に向かってチームとして活動する、という体制が自然にできあがっていたのです。

日本代表を裏で支えるサポートスタッフについては、メディアで取り上げられることが少なく、仕事の内容が見えにくいのではないでしょうか。そこで私と仕事の上でかかわりが深いスタッフたちが、実際にどんなふうに遠征先で活躍しているかを紹介しておきたいと思います。

何が起きても冷静に対処する総務

まず、私と日本サッカー協会の窓口になっているのが代表チーム部の総務担当者です。総務は一言で言うと「チームを動かす役目」を担っています。日本代表が海外で試合をすることになり、代表選手が発表になると、総務はまず各クラブに連絡をして選手のスケジュールをクラブと調整します。監督、コーチ、またドクターをはじめとするサポートスタッフが、何日にどこに集合し、何時の飛行機で現地に飛び、いつ帰ってくる予定か、というスケジュールについても、総務が一人一人に連絡して調整します。

試合の登録をしてメンバー表を提出し、宿泊先や練習場を決め、現地での移動手段を確保するといったことも、総務が仕切ります。

キットスタッフの一人である麻生英雄さんが「代表の遠征って、たとえば高校の男子クラスが修学旅行に行くみたいなものですよ。しかもその修学旅行は年間百日もあるんですからね」とうまいことを言いました。そのたとえでいくと総務の役割は「担任の先生」です。二〇〇七年から総務を担当している津村尚樹さんは「チームの前で旗を振って、さあ、行くぞ、という役目ですよ。誰かが声をかけなければ団体は動きませんからね」と言います。

総務は遠征中だけでなく、その前から私の仕事と深くかかわりを持ちます。海外遠征での滞在先が決まれば、ホテルの厨房スタッフとメニューの打ち合わせなど事前のやりとりも行ないます。現地で必要な食材と道具を伝え、現地で手配できるかどうかについても調べてもらいます。滞在先の文化、宗教、環境など、食材の手配や選手の健康に影響しそうな要素についても、ときには現地の大使館に問い合わせもしてできるだけ最新情報を私に伝えてくれます。南アフリカ大会のときには、日本から持ち込む食材の運搬方法について津村さんと何回も打ち合わせをしました。

滞在先のホテルの食事会場で、ライブクッキングができるように交渉してくれるのも総務です。南アフリカのベースキャンプ地として予定されていたジョージのホテルとの事前の打ち合わせでは、ライブクッキングができると伝えられていたのに、到着予定の一週間前、すでにスイスで合宿をしていたときにいきなり「消防法の関係でライブクッキングの設備（ライブステーション）をつくることはむずかしい」という電話が津村さんにかかってきました。津村さんは「なんとしてでもつくってくれ。それでもできないというのならば、ホテルを変更せざるを得ない」と返答しました。電話を切ると、ホテルから送られてきた食事会場の図面に、ライブステーションを設置する場所の指示を書き入れてすぐにファックスで返送しました。結局ホテルは、窓をぶち抜いて、津村さんが指示した以上の設備を突貫工事でつくってくれたのです。

総務は現地のサッカー協会とも連絡をとりながらスケジュールを組みますが、現地側で準備すべき練習場が、到着したら用意されていなくて練習場を探さなくてはならなくなったこともあります。ボールやウェアなどたいせつな荷物を運ぶためのトラックがいつまで待ってもこない、とキットスタッフから連絡があったときには、津村さんが運転手に連絡しました。すると「（現地の）サッカー協会からお金をもらっていないので、ガソリン代が払えず行けない」と返事をしてきたので、まずガソリン代を立て替えて運搬してくれるよう交渉したこともあったそうです。

とにかく予想もしていなかったことが起こるのが海外遠征です。どんなことが起こっても、あわてず、怒らず、へこまず、平常心で冷静に対処するということが、総務には求められています。

選手の健康とコンディションを管理するメディカルスタッフ

メディカルスタッフはドクターとアスレティックトレーナーで構成されます。南アフリカ大会に帯同したのは、清水邦明先生と森孝久先生の二人のドクター、早川直樹さん、前田弘さん、池内誠さんの三人のアスレティックトレーナーに、高地対策の専門家である杉田正明先生が加わりました。

ドクターの役割は言うまでもなく、医師として選手とスタッフの健康管理を担当し、怪我人や病人が出たときの治療にあたります。体調不良を訴える人が出たとき、どんな食事を出すかについて私はドクターの指示をあおぐことがあります。遠征先で選手やスタッフが体調を崩すようなことがあると、食事が原因ではないかとドクターに相談することもしばしばです。

アスレティックトレーナーは選手・スタッフの健康管理と選手のコンディション管理という二つの役目を担っています。日本サッカー協会では、日本体育協会公認の資格を取得していることが採用の条件となります。健康管理とは、選手やスタッフが病気をせずに健康で過ごせるように食事や環境面をドクターとともにチェックして管理することを指します。コンディション管理においては、怪我を予防し、練習や試合で十分に動けるようにグラウンドでフィットネスや基礎トレーニングを選手に指導し、練習中の水分補給などに配慮します。怪我人が出たときにはリハビリをし、メディカルルームで治療マッサージをし、またコンディションを戻すためのエクササイズを指導するのもアスレティックトレーナーの仕事です。

また食事を管理する役割もあるので私とかかわりが深く、とくに早川さんは私とメディカルスタッフとの窓口になっています。選手がどれくらい食べているか、どんな料理が人気だったか、もしくはあまり食べられなかったか、ということについて、早川さんから遠征中に聞かれることもあります。私からの情報をメディカルスタッフに報告し、話し合った上で現場の監督やコーチにフィードバックするのもアスレティックトレーナーの仕事です。

現場の流れをつくるキットスタッフ

総務が、修学旅行を引率する担任の先生の役割だとすると、練習場や試合が行なわれるスタジアムでチームが活動する流れを実際に仕切る「学級委員」の役割を果たすのがキットスタッフです。キットスタッフはボールやゴールなどの用具、ウェア、タオル、ドリンクなどを準備し、運搬、配置して片づける仕事をします。南アフリカ大会には、山根威信さんがキットマネージャーとして、また麻生英雄さんがキットスタッフとして帯同しました。

遠征で滞在先のホテルに到着すると、キットスタッフはまず選手やスタッフが共用する部屋の準備をします。用具の部屋は、練習着をサイズごとに並べておくピックアップルームと、ボールやコーンなどの用具を入れておく物置部屋の二つをつくります。メディカルスタッフが使用するための、マッサージ台、治療器具などを設置したメディカルルーム、選手がビデオを見たり、談笑したりするときに利用するリラックスルームを設営するのもキットスタッフの仕事です。リラックスルームではスタッフと選手が十分にくつろげるように、遠征地がどこであろうと木材の同じ家具を配置した部屋をつくることが重要なのだそうです。

ハーフタイムの前のロッカールーム。

荷物を運搬することもキットスタッフの重要な仕事です。空港で荷物を受け取ると、四トントラックに積み込んで滞在先のホテルまで同乗します。南アフリカ大会のときは選手とスタッフあわせて五十五人が一ヵ月半生活するための荷物だったので、通常の遠征の二倍近い量になったそうです。このなかにはもちろん日本からの持ち込み食材もふくまれます。

練習のときには選手たちより三十分前に練習場に到着して用具やドリンクを用意し、練習が終われば練習着やタオルをすぐに洗濯に出します。試合のときにはキックオフの三～四時間前に会場に先乗りしてロッカールームの準備をして待機し、試合中に怪我人が出たらすぐに治療ができるように場所を確保します。交代した選手のためにウェアを準備するのも仕事です。「遠征に行くとトラックに乗っているか、洗濯のためにコインランドリーにいることが多いんですよ」と麻生さんから聞きました。そのため選手やほかのスタッフたちの食事時間とは合わないときも多く、やむをえないときにはコンビニで弁当を買ってトラック内で食べるそうです。コンビニがないような地域に遠征したときや、試合日にスタジアムに先乗りするときには私がおにぎりをつくって差し入れることもあります。

先乗りして準備するセキュリティと添乗員

私とともにチームよりも一足早く現地に入り、チームが到着したときにスムーズに活動できる準備を整えるサポートスタッフが、セキュリティと旅行会社から派遣される担当者です。南アフリカ大会のときには、セキュリティは日本サッカー協会の高埜尚人さんが、また旅行会社の担当者として原川剛さんが帯同しました。

セキュリティの役割は、空港、ホテル、練習場、試合会場などの現地で選手やスタッフが行く場所、また移動経路の安全を確認することです。先乗りして、警備体制についてホテルに聞いてチェックし、移動経路を実際にたどって安全を確認し、危険な地域などについての情報をチームに伝えます。

添乗員は遠征の移動に必要な手配全般を仕切るだけでなく、現地に着いてから選手やスタッフが不自由なく過ごせるように目を配ります。たとえば部屋の掃除や空調の調節、インターネット環境の整備などをホテルに依頼することも仕事です。ときには皿を並べ、フォークやスプーンを出すなど、食事会場のセッティングを手伝ってもらうこともあります。また原川さんには、不足している調理器具を現地で一緒に探すことや、食材の買い出しの手伝いを頼むこともあります。

南アフリカ大会には、私のほかにもう一人、今井稔さんというシェフが帯同しました。試合が行なわれる場所に私が先乗りするので、その間ベースキャンプ地での調理を担当してもらいます。

サポートスタッフの役割は、選手と監督が遠征中にサッカーのことに集中し、試合で全力が出せるように環境を整えることにあります。南アフリカ大会で選手が存分に力が発揮できるように、私たちサポートスタッフが何をすべきか、また何ができるかを考えながら準備を進めていきました。

高地順化のための準備を始める

南アフリカ大会の一次リーグで日本が試合をする会場三カ所のうち、ダーバン以外のブルームフォンテーンもルステンブルグも標高一四〇〇～一五〇〇メートルの高地にあります。高地に入っていきなり激しい運動をすると、平地で運動するのと比べて筋力や持続力が低下しやすく、パフォーマンスに影響が出るのではないか、と岡田監督は懸念していました。高地での試合に向けて、どんな準備をしたらいいのだろうか、とほかのスタッフと話し合ったそうです。

そこで一月にアスレティックトレーナーの一人である早川直樹さんが、当時西が丘の国立科学スポーツセンターに勤務していた杉田正明先生に会いに行きました。杉田先生はスポーツ科学の専門家で、陸上競技、とくにマラソンの高地トレーニングについて科学に基づいた指導をしてきたことで実績があります。早川さんは、高地での試合で九〇分を走りきるためにどんな準備を進めたらいいかを杉田先生に相談し、それについて岡田監督に報告しました。そして関心を持った岡田監督が二月に杉田先生を自ら訪ねたのです。

岡田監督は「高地順化はものすごくデリケートな問題だ」ととらえていました。「選手の疲労度を見ながら、現地で具体的に策をとっていかねばならない。それならば専門家に帯同してもらおう」という心づもりで会いに行かれたそうです。そして杉田先生の話を聞いて、実際に会って人柄を見て、二十分話し合っただけでその場で帯同を決断し依頼されました。

そして杉田先生が「高地順化には最低でも三カ月が必要です。代表メンバーの発表まで待っていては間に合わないかもしれない」と進言したところ、岡田監督はさっそくその言葉を受けて、代表メンバーの候補にあがっている選手たちに二月の段階で検査を受けてもらい、高地順化のために事前の準備を始めることにしたのです。

高地順化とは何か？

平地からいきなり高地に行って、何の対策もとらないまま激しい運動をすると、短い時間で疲労を覚えて走れなくなったり、ときには貧血を起こしたりして十分なパフォーマンスが発揮できなくなる、ということは、スポーツ選手の間ではよく知られていることです。高地対策の専門家である杉田先生は、その理由として以下の三点をあげています。

1　酸素が薄いところで運動をすることで、血液中の鉄分が不足し、ヘモグロビンや赤血球の量が追いつかなくなって貧血が起こりやすくなる。

2　酸化ストレスによって筋力が低下する。

3　高地では糖質の消耗が激しいために持続力が低下する。

ここで注意したいのは、陸上のマラソンや競歩の選手が高地で何週間もトレーニングして血液中のヘモグロビンや赤血球の量を増やし、その後平地におりて試合をするとパフォーマンスが向上する、という「高地トレーニング」と、南アフリカ大会で日本代表に求められる「高地順化」とはちがうと杉田先生は強調されます。試合をする高地で十分なパフォーマンスが発揮できるように、事前に身体を馴らしておくために実施するのが「高地順化トレーニング」なのです。

杉田先生からのアドバイスにより、選手たちにまず血液検査と尿検査が実施されました。定期的に血液と尿を採取して検査し、一人ひとりの総タンパク、ヘモグロビン、鉄、フェリチン

（貯蔵鉄）の数値を把握して、体調がチェックされました。検査数値が基準値を下回り、高地でのコンディショニングに問題がありそうな候補選手たちには、鉄分やビタミンのサプリメントが送られました。

もう一つ、杉田先生がすすめたのが、「間欠的低酸素吸入」（Intermittent Hypoxic Exposure）です。安静時に六分間、マスクをつけて低酸素を吸入することで負荷をかけ、つぎに常酸素を四分間吸入することを合わせて六〇分間繰り返すことです。これを行なうことで高地の低酸素に事前に馴れ、実際に酸素濃度が低い高地に行ったときにスムーズにトレーニングができる、というのが杉田先生のアドバイスでした。

アドバイスに従って、四月に代表メンバーの発表があったあと、代表選手たちにはスイスに出発するまでに七回、マスクをつけてもらってこの訓練を行なおう、と岡田監督やスタッフの間で決められました。

スタッフミーティングで高地順化を促す食事を検討

二〇一〇年三月十八日、東京の日本サッカー協会で南アフリカ大会に帯同するスタッフと打ち合わせがありました。ドクター二人、アスレティックトレーナー三人、日本サッカー協会の総務担当者、栄養学の専門家として杉浦克己先生と菅泰夫さん、杉田正明先生、そしてシェフの私が出席しました。議題は「南アフリカ大会で、それぞれの立場からチームをサポートするためにどのような準備をするか？」です。

杉田先生とはこのときが初対面だったのですが、すぐに打ち解け、高地順化を促すためにどのような食事を出したらいいかについて、メディカルスタッフとともに貴重なアドバイスをもらいました。

メディカルスタッフからはまず、食事で鉄分を摂取することが重要だ、と言われました。高地では血液中のヘモグロビンを合成するのに欠かせないフェリチン（貯蔵鉄）が不足します。フェリチンが少なくなると貧血気味になって、当然ながらパフォーマンスが低下します。そこで鉄分を多くふくむ食品をとってフェリチンの減少を補わなくてはならない、ということです。

つぎに糖質を十分に補充することの必要性です。高地で運動をすると、平地に比べると血漿中のグルコース（ブドウ糖）の濃度が高くなり、糖質が体内でより多く利用されます。そこで選手は糖質を多くふくむ食事と飲料で、体内の糖質を十分に補充しなくてはなりません。

三番目に酸化ストレス（体内で生成される活性酸素群が抗酸化システムで抑制できないほど生成されて身体にストレスを与えること。病気や体調不良の原因となる）の問題です。高地では運動することによる酸化ストレスが平地より増大するので、疲労を強く感じ、疲労から回復する時間が長くかかります。筋肉が損傷する確率も高くなります。そこで抗酸化物質であるビタミンEなどをふくむ食事をすることが重要です。

鉄分と糖質を補充し、抗酸化物質を摂取するために食事ではどのようなことに重点を置けばいいいか、それが私の課題であることを、このミーティングで確認しました。

「めざせ、ベスト4！」が共通の目標

打ち合わせの最後に、私はスタッフの皆さんに聞きました。

「それで、持参する食材は何日分を用意すればいいでしょうかね？　ベスト4の試合までとなると、事前合宿もふくめると四十五日分くらいになりますよ」

間髪をいれず、全員が答えました。

「もちろん、ベスト4まで準備しましょう！」

そうだ、岡田監督と選手たちは必ずやってくれる！　南アフリカに持ち込むのは当然四週間分の食材だ！　私はこのときあらためてベスト4の目標をやり遂げるようしっかりサポートしようと決意しました。

メディアやファンの間では、岡田監督が掲げた「ベスト4」という目標は冗談のように受け取られていたかもしれません。ウズベキスタン戦で本大会出場を決めたあと、日本代表はワールドカップ最終予選の最終戦のオーストラリア戦に負け、その後も勝てない試合が続きました。連携がうまくいかない、チームの覇気がない、などとあらゆるメディアで書かれていたように思います。ワールドカップが近づくにつれ、世間の空気は盛り上がるどころか、冷え込んでいったような感じさえありました。しかし、それがかえってチームの一体感を築く上でよかったのかもしれません。私たちサポートスタッフ全員は、岡田監督が掲げるベスト4という目標

の達成を本気でめざしていました。なんとかして選手や監督にこの目標を成し遂げてもらいたい、そのために自分たちができることは精一杯やろう、と一人ひとりが心に決めていました。

打ち合わせのあとの親睦会は、気心が知れたスタッフ同士で和気あいあいとした雰囲気でしたが、あと三カ月後にせまった本大会に向けて、気合いは十分に入っていました。別れ際にスタッフたちは互いに言い合いました。

「これ以上できないというくらい完璧な準備をして南アフリカに乗り込みましょう！」

高地順化のための食事を準備

ミーティングで打ち合わせた事項をもとに、私も準備を本格的に始めました。「鉄分補充」「糖質補充」「抗酸化物質の摂取」という食事における高地順化を図る上での三つの課題について、会議でいただいたアドバイスをもとに私も調べて、対策に沿ったメニューを考えました。

まず鉄分補充ですが、鉄分を多くふくんでいれば何でもいい、というわけにはいきません。選手たちに喜んで食べてもらうこと、そして海外でもつくりやすいメニューでなくてはなりません。食品成分表をにらみながら私が選んだのは、以下のような食品です。

肉類……レバー（豚、鶏、牛の順に鉄分含有量が多い）、牛もも赤身肉
魚介類……アサリ、干しひじき

野菜・キノコ・大豆製品……大豆、納豆、ほうれん草、切干大根

納豆、ほうれん草、牛もも赤身肉以外、いずれもこれまで海外遠征先であまり使ったことがない食品です。好き嫌いが多いレバーをどう調理すれば食べてくれるだろうか、と考えました。第四章では南アフリカで実際につくった料理を紹介していますが、それを見ていただけるとこれらの食材を使った料理をかなりの頻度で出していることがおわかりいただけると思います。選手たちが比較的よく食べてくれたレバーの料理のレシピも紹介します。

海外で食材を準備できて、比較的調理法としてバリエーションがつけられ、かつ効果的に鉄分を摂取できる食材として選んだのがひじきとアサリでした。干しひじきは軽いので大量に持参できます。アサリは海外でも多く食べられている食材です。イタリア料理でスパゲッティ・ボンゴレは有名ですし、中華料理でもアサリは多く使われます。現地調達も可能でしょう。

Jヴィレッジでも鉄分が不足しがちな女子選手のために、ひじき、切干大根、レバーやアサリを使った料理はこれまでもよくつくってきました。でも男子の日本代表のメニューとして、アサリはともかく、ひじき、切干大根やレバーは出したことがありません。最初は物珍しさから食べてもらえるかもしれませんが、長い遠征期間中も飽きずに食べてもらうためには味つけや料理法を工夫して変化をつけなければならないだろう、と考えました。

また鉄分については、食事で補充をすることでより効果が高まるだろう、とのことで、メディカルスタッフから「毎食出されるスープや味噌汁などの汁ものに、鉄分補充として粉末のサプ

リメントを入れてほしいのだが、味見をしてくれるか」と頼まれました。サプリメントを入れることで味が変わったり、また食材の取り合わせや料理法でおなかをこわしたりしてはいけないので、味噌汁やスープなどをつくって試食してみてほしい、とのことでした。

ミーティングで預かったサプリメントを持ち帰って味噌汁やスープに入れたところ、味は変わらず、私以外の人に飲んでもらってもおなかをこわすようなことはありませんでした。そこでスイスや南アフリカでもスープや味噌汁にサプリメントを入れようということになりました。

高地対策の秘密兵器、圧力鍋

高地対策のためにスイスで事前合宿をすることが決まったときから調べていたことがありました。それは「高地でおいしいごはんが炊けるだろうか？」ということです。

登山をする方ならご存知でしょうが、標高が高いところでは気圧が下がるために沸点が下がります。低い温度で炊いたごはんはべっちゃりとした食感で、しかも炊きあがるまで時間がかかります。高地での運動は平地よりも糖質をより多く摂取することが重要ですから、いつもの遠征以上にごはんを食べてもらわなくてはなりません。毎食、おいしいごはんが食べられないようではエネルギー不足になり、疲労がたまって本大会でのパフォーマンスに差し支えるでしょう。そのことがずっと気になっていました。

総務の津村さんに相談し、「山小屋で使うようなガス式の圧力炊飯器が欲しい」と希望を出しました。スイスの合宿地や南アフリカの試合会場が高地にあることから、津村さんも「ごはんを炊くのに何らかの対策は必要でしょうね」と同意し、さっそく標高一七五三メートルにある都市、ヨハネスブルグにある日本料理店「だるま」に問い合わせてくれました。すると「私の店では普通の炊飯器で炊いています」という返事が返ってきたのです。

現地の人が「普通の炊飯器で炊いている」と言うのなら、必要ないかもしれない。そう思いつつも、インターネットで「南アフリカ　圧力鍋」のキーワードで検索しているうちに吉村峰子さんというダーバン在住の日本人の方のブログがヒットしました。

南アフリカに家族で移住された吉村さんが、日本語教師として働きながら主婦として、またお母さんとして活躍している南アフリカの一般的な日常生活をつづったブログです。そのなかに「圧力鍋」というタイトルの記事がありました。世界各地でもう二十五年も同じ圧力鍋を使ってごはんを炊いてきたことや、標高が高いところでも圧力鍋を使えばおいしいごはんが炊けるといったことを吉村さんは書いていました。「エチオピアの首都、標高二四〇〇メートルのアディスアベバでも大活躍したのがこの圧力鍋。圧力鍋は標高で沸点が左右されないらしい」とあります。またアフリカ産の長粒種に近いお米も「圧力鍋で炊くと、フンワリ、そしてしっとりねっとりした『正しい日本のごはん』という風情のごはんが炊ける」と書かれていました。

そうか！　やはり圧力鍋を使えば標高に左右されないだけでなく、長粒種でもおいしく炊けるのだ！　高地に行くと聞いたときから「圧力鍋が必要なのではないか」と考えてきたことが、このとき「ぜったいに必要だ！」という確信に変わりました。

「グループリーグを突破したら払ってください」

ヨハネスブルグの料理店に問い合わせ、普通の炊飯器でも問題がないと返答があったことから、日本サッカー協会からは「本当に圧力鍋が必要なのか？」と念を押されました。しだいに出発の日がせまってきているなかで、私はついに自腹での購入を決断しました。

私はどうしても日本代表選手たちにおいしいごはんを毎日食べてもらいたい、と痛切に願っていました。とくに今回は高地での試合が予定されています。いつも以上にごはんをしっかりと食べて、エネルギーをたくわえることが重要になります。私が帯同している以上、食欲が落ちて体重が減るようなことは、ぜったいに避けたい。そう思って圧力鍋を購入しました。値段は十二万円でした。

日本サッカー協会には「私の勝手で購入しました。おいしく炊けず、選手の食欲が落ちて体調が崩れるようなことがあれば支払いは結構です。でもグループリーグを突破したら、上乗せして請求書を回します」と伝えました。

吉村さんがブログで紹介されていた情報には感謝の気持

南アフリカ大会で大活躍だった圧力鍋。

ちでいっぱいだったので、南アフリカに行ったときには直接お会いしてお礼を言いたかったのですが、結局時間がなくて会いに行けませんでした。そこでオランダ戦の終了後に「実は日本代表のシェフをしています。圧力鍋の情報をありがとうございました」とメールで伝えました。そのメールは第四章の日記のなかで紹介しています。この場を借りてもう一度感謝の気持ちを伝えたいと思います。

持参食材を決める

四月に二十三名のワールドカップ南アフリカ大会に出場する日本代表選手が発表になり、いよいよ大会が目の前に迫ってきました。私も持参食材のリストを作成し、最後の準備に取りかかっていました。

日本代表はいったいどんなものを食べているのか、というのがこのリストからも見ていただけると思うので、ここに掲載します。

《ワールドカップ南アフリカ大会　日本からの持参食材》

銀ムツ	14kg	塩鮭	6kg	ウナギ	10kg
銀ダラ	14kg	サンマ	160匹	シシャモ	50匹

ホッケ　4・8kg
赤魚粕漬け　5kg
明太子チューブ　5本
たらこ　5kg
明太子　5kg
青海苔　1本
焼海苔（半切）　300枚
水前寺海苔　6枚
海苔佃煮　40本
昆布佃煮　5袋
なす漬け　16袋
きゅうり漬け　16袋
野沢菜漬け　16袋
梅干　30箱
おかか　5袋
味つけ海苔　100袋
納豆（辛子なし）　100パック
ふりかけ5種類　81袋

にんにく醤油漬け　40本
なめ茸　40本
食べるラー油　2種類30本
中華ガラスープ　1箱
ラーメンスープ　4種類 各1
切干大根　2袋
ビーフン　1袋
春雨　1kg
薄揚げ細切り　5kg
こんにゃく　10枚
ひじき　0・5kg
もち　4袋
干し椎茸　0・5kg
ちりめんじゃこ　0・5kg
桜エビ　2袋
銀杏水煮　3缶
筍水煮　5袋
みじん切り生姜　1瓶

みじん切りにんにく　1瓶
大和芋　5kg
楢葉味噌　10kg
紅生姜　1袋
ラー油　2本
ごま油　1本
焼肉のたれ　4本
おたふくソース　2本
リセッタドレッシング　70本
カレールー　10袋
甜麺醤　1本
きな粉　1袋
お好み焼き粉　2kg
日本米（おにぎり用）　27kg
ビタミン強化米　25g×50袋

《現地調達食材》

ウナギ　10kg
酒　1・8ℓ×12本
醤油　1ℓ×24本
みりん　1・8ℓ×12本
マヨネーズ　5本
ノンオイルドレッシング　12本
ソース　1・8ℓ×3本
オイスターソース　5缶
酢　600ml×1本
豆板醤　500g×1本
白味噌　5kg

赤味噌　25kg
ぽん酢　6本
七味唐辛子　300g
本だし　3kg
キムチ　10kg
たくあん　20本
豆腐　150丁
片栗粉　250g×10袋
天ぷら粉　700g×5kg
乾燥ワカメ　320g×3袋
鷹の爪　300g

餃子　450個
春巻き　150本
米　320kg
うどん　10kg
真空うどん　120玉
常温中華麺　5kg
焼きそば　5kg

見ておわかりのように、和食、中華、洋食とバラエティのあるメニューをつくるための食材を持参しています。

魚は一日必ず一品は日本から持っていったものを出すようにしています。人気があるのはサンマや銀ムツなど、脂がのっていて、ふだんの食卓にもよく上る味になじみがある魚です。シシャモや塩鮭も欠かせません。酒、醤油などの調味料は南アフリカで調達できるので持参しませんでしたが、私の地元、福島でつくっているおいしい楢葉味噌は入れました。

洋食は現地のホテルでつくってもらうことが多いので、たとえばパスタの麺類は現地調達にしましたが、試合後に必ず出すカレー用のルーは準備しました。長い遠征期間中、栄養学的に必要というわけではないかもしれないけれど、食べたくなるのではないかと思って用意するのがラーメンやお好み焼きです。ラーメンのスープは白湯、醤油味、味噌味といくつか用意しました。現地では調達できないであろう梅干、ふりかけ、なめ茸、佃煮や味つけ海苔など、ごはんがすすむような嗜好品も大量に準備しました。二〇一〇年に流行した「食べるラー油」も加えました。余談ですが、南アフリカで「食べるラー油」は評判になり、食べたことがなかった選手やスタッフが珍しがってごはんにかけていました。岡田監督もスイス合宿に行くまでそんなものがはやっていることをまったく知らなかったそうで、「はじめて食べたよ」とおっしゃっていました。闘莉王選手は南アフリカ大会期間中に「食べるラー油」がすっかり気に入り、帰国してからもよく食べているそうです。

大量の食材の運搬方法に頭を悩ませた

メニューを決め、持参食材のリストを組んで買い物をするまではいつもの海外遠征と同じようにできましたが、問題となったのは運搬方法です。ベスト4までの分を約五十五名分×三食分準備すると、相当な重量になります。そこでスイスの分と南アフリカの分を分け、スイス分は航空機で運び、南アフリカ分を船便で運搬してはどうかと津村さんから提案されました。津村さんと何通もメールをやりとりしながら検討したのですが、結局「船便にすると検疫に引っかかり、食材が届かない恐れがあるのでやめよう」という結論に達し、スイス分と南アフリカ分の両方をまとめて成田から航空機で運ぶことにしました。今回の遠征ではチャーター機が大型ではなかったので、持ち込める重量に制限があります。重量を減らさなくてはならないために、日本から持参する米はスイスで食べる分と南アフリカで試合時に出すおにぎりに使う分だけにし、南アフリカでの食材や調味料は、米もふくめて極力現地で調達することにしました。

遠征に持参する食材は、品質が変わらないように日本からしっかりパッキングして持って行きます。魚は出発の一週間前に購入して下処理をしたものを一食ずつパックして冷凍することにしています。野菜などの生鮮食品は出発の直前に購入して、新鮮なものを発泡スチロールに入れて運搬します。魚をはじめとする冷凍食品は冷凍したものを発泡スチロールの箱にパッキングして冷気がもれないように密閉します。納豆は溶けやすいのでとくに気を遣います。

このパッキングの作業が実は一番の重労働です。いつもJヴィレッジの厨房でスタッフと作業するのですが、ワールドカップほどの長期の遠征ともなると、すべてをパッキングするのに二日間もかかってしまいました。魚や冷凍食品を全部詰め終わると、さあ、いよいよ始まるのだ、とスイッチが入りました。

Jヴィレッジからトラックの冷凍便で出発前に宿泊するホテルまで運び、ホテル厨房の冷凍庫に保存してもらってから飛行機に載せるよう手配しました。これだけの準備をすれば、持参食材の品質が落ちることはまずありません。

すべての準備が整い、私は五月二十一日に埼玉で合宿をしていたチームに合流しました。日本代表は二十四日の夜、キリンチャレンジカップで韓国代表と親善試合を行なうことになっていましたが、その日の午後、私はセキュリティの高埜さん、旅行会社の担当者、原川さんとともに、チームより一足先にスイスに向けて旅立ちました。

さあ、いよいよワールドカップ南アフリカ大会に向けた遠征が始まります！

これ以上ないほど環境がよかったスイス合宿地

日本代表がワールドカップの事前合宿を行なったザースフェーは、スイス南部バレー州にあり、欧州だけでなく世界から多くの観光客を集めるリゾート地です。スイス国内で最高峰のドーム山の中腹にあり、夏でも山頂に雪を頂く四千メートル級の山々に囲まれているため一年を通してスキーやスノーボードなどウィンタースポーツが楽しめます。

ホテルは典型的なスイスのペンション風山岳ホテルでした。到着してホテルの窓から周囲の雄大な山々を眺め、澄んだ空気を吸い込むと身体の奥底から洗われるようなすがすがしさを覚えました。

先乗りのスタッフから一日遅れて、五月二十六日に日本代表選手団がザースフェーに到着しました。ホテルの食事会場で昼食の準備をして待っていた私のところに、スーツ姿のまま闘莉

和食が大好きだった、スイスのホテルのオーナーと。

王選手がやってきて「西さん、お疲れさまです。またお世話になります」と大きな声で挨拶されました。私も負けないくらい大きな声で「こちらこそよろしくお願いします！」と挨拶を返しました。それだけで私も元気になりました。日本での合宿と親善試合を経て移動してきたので、疲労があるのではないかと少し心配していたのですが、体調を崩しているような人は一人もいなかったし、選手とスタッフの全員が疲れも見せず元気そうで安心しました。

岡田監督はザースフェーの合宿地について「これ以上望めないほどのすばらしい環境にある」とおっしゃいましたが、景色だけでなく、練習場もホテルから近くて歩いて行けるところにあり、選手も気持ちよく過ごせそうだ、と喜んでいました。

チームが到着した日の夜、夕食後に岡田監督がサポートスタッフ全員を部屋に集めました。「これから長丁場になるが、よろしく頼む」という趣旨のことを話され、あとはサッカーと関係のない話題でなごやかに談笑しました。

ホテルは家族経営の中規模のホテルで、夫婦と子どもたちが中心に切り盛りしています。厨房もスイス人のシェフが一人に若者が三人とたった四人しかいません。私たち日本人のシェフ二人が加わっても、毎食五十人以上の食事をまかなうことはなかなかたいへんです。朝五時半から夜中の十二時まで働いても間に合わないので、途中で頼んで洗い場の人を雇ってもらいました。こちらが頼んだことは何でも一生懸命にやってくれて、気持ちよく働ける厨房でした。

高地順化は順調に進んだ

高地順化も進んでいました。杉田先生が毎朝血液検査と尿検査をして選手の疲労度をチェックし、高地順化がスムーズにいっているかを観察していました。メディカルスタッフと日々打ち合わせをし、岡田監督にもトレーニング量を調整する際の参考データとしてあげていたようです。

スイスでもライブクッキングで調理しながら、私は選手たちの食欲を観察していました。私が見ているかぎり、どの選手も食べる量が減っている様子はありませんでした。実際、疲労がたまって食欲が落ち、体重が減るような選手はスイス合宿中に一人も出なかったし、むしろ食欲は旺盛でした。スタッフのなかには「食事がおいしくて、どんどん食べてしまって六キロも太っちゃったよ」と言う人までいました。高地順化がこの時点ではうまくいっているのではないか、とスタッフたちは手ごたえを感じていました。

そして自ら購入した圧力鍋は、まずスイスの合宿地で大活躍でした。ザースフェーは標高一八〇〇メートルの高地です。ふつうの炊飯器でも炊いてみましたが、平地で炊くより二倍近い時間がかかる上に、ぼそぼそしておいしくないのです。言ってみれば、冷やごはんを電子レンジでチンしてあたたまらないうちに食べているような味です。一方圧力鍋で炊くと、三十五分から四十分で炊けて、吉村さんが言うように「フンワリ、しっとりねっとりとした」おいしいごはんが提供できました。

選手たちの食欲がスイスでまったく落ちなかったのは、もちろん高地順化の準備が周到だったこともありますが、一つには圧力鍋のおかげもあったと思います。実際、スタッフもふくめて全員が驚くほど食べるので、日本から持参した米が足りなくなるのではないかと真剣に心配したほどでした。

はじめて岡田監督が笑った!

ただ、テストマッチの結果はよくありませんでした。日本を出発する前の韓国戦では完封負けを喫しましたし、事前のテストマッチとして臨んだイングランドにもコートジボワールにも負けてしまいました。「日本はワールドカップでも全敗だろう」というような記事が新聞や雑誌には出ていたようです。岡田監督はスイス合宿に入ってからも、食事中笑顔が見られませんでした。

ところが一回だけ、岡田監督が笑顔を見せたことがあったのです。それはスイス合宿を半分ほど消化した五月末、ライブクッキングではじめてラーメンを出したときでした。選手たちが歓声をあげてラーメンを食べているのを見ながら、ふと監督が座っているテーブルのほうを見ると、なんと監督も醤油ラーメンを食べながら笑みを浮かべているではありませんか！

岡田監督の笑顔を見たのはいったい何カ月ぶりでしょうか！

岡田監督は冗談が好きで、気さくに話をされるあたたかい人です。話題が豊富で、実にさまざまなことについてユーモアを交えながらおもしろく話されます。ふだんの岡田監督を知っているので、代表監督になってからの険しい表情を見るたびに心配していました。代表監督とは、なんとプレッシャーのきつい仕事なのだろう、とため息をつきたくなる思いでした。

でも岡田監督のその笑顔を見たとき、心底ほっとしました。食べ物が緊張感をほぐし、気持ちを明るくすることがあるのです。私にできることは、そうやって気持ちを上向きにするようなおいしい食事をつくることだけです。少しでも岡田監督にリラックスしてもらうことに役に立てたことがわかって、内心安堵しました。

岡田監督はなんでもおいしい、と言って食べてくださるのですが、とくにライブクッキングでのパスタがお気に入りで、クリームソース、トマトソースにペペロンチーノ、とソースの味を変えて、毎食なんと三回もおかわりをします。「西さんのパスタを食べたら、ほかではもう食べられないよ」とまで言ってくださいました。

ちなみにこのときのラーメンは選手の間でも大好評で、食事が終わってから大久保嘉人選手がわざわざ私のところにやってきて「西さん、つぎにラーメンを出すのはいつですか？」と聞きました。「まだ決めてないですよ」と答えたのですが、リクエストに応えて南アフリカでも何回か出したのは言うまでもありません。

豪勢なイングランド・チーム、驚くほど大きかったドログバ

日本代表はスイスでの合宿中に二回、ワールドカップに出場する代表チームと国際親善試合を行ないました。一回目は五月三十日にオーストリアのグラーツでイングランドと、二回目は六月四日にスイスでコートジボワールと試合をしました。

イングランド戦が行なわれたグラーツに、私は帯同しました。イングランドとの試合で驚いたのは、試合後にロッカールームの隣のスタッフルームで、パスタなどあたたかい料理がケータリング・サービスで提供されていたことです。日本でもサンドイッチくらいはロッカールームに並べますが、あたたかい料理を持ち込んで提供することはしたことがありません。イングランドはスタッフの数だけでも日本の二倍以上の五十五名いる、と聞いてもっと驚きました。日本では一人でこなしている総務の業務も、イングランドは三人で担当しているのだそうです。食事の準備にかける人員も予算も、きっと日本とは比べものにならないのだろう、とパスタを食べているイングランド・チームの関係者たちを見ながら思いました。

コートジボワール戦ではドログバ選手を目の前で見て、その大きさに驚きました。何を食べたらあんなに筋肉がしっかりついた大きな身体になるのだろうか、と感心して眺めると同時に、

小柄な日本の選手が国際試合であんなに大きな選手と戦うのはたいへんだろう、とも思いました。はじき飛ばされず、走り負けないように、しっかり食べてもらわなくては、とあらためて心したのです。

各国代表チームの食事事情

イングランド代表チームが、試合後のスタッフルームでもあたたかい料理を食べていたことに驚いたので、海外チームでの経験が豊富な中村俊輔選手に「ほかの国の代表チームはどんな食事を出しているのですか？」と聞いたことがあります。

「代表チームはどうだか知らないけれど、クラブチームではそれぞれのお国柄が出た食事が提供されるよ」と自分の体験を話してくれました。イタリアにいたときには、試合前日の夜には、チーム全員が大きなテーブルを囲んで、お互いの顔を見ながら夕食をとっていたそうです。「ウェイターが一人一人に注文を聞きに来るんだよ。肉や魚の種類とか、肉の焼き方とか、デザートの選択とかね。注文した品は、一品ずつサーブしてくれた」と教えてくれました。さすがイタリアですね。

スコットランドのセルティックFCでプレイしていたときには、試合が終わると帰りのバスのなかであたたかいパスタが出たそうです。「試合後にすぐに炭水化物を補給したほうがいい、という配慮からだろうね。ただし電子レンジであたためるだけだけれど」とのことでした。

イタリアでは試合後にアイスクリームを出している、ということも中村俊輔選手から聞いて、ドイツ大会のときから試合後に何種類かのアイスクリーム(イタリアでジェラートと呼ばれるものです)を出すようになりました。中村選手に「甘いものはストレスをやわらげる効果があるから、試合後の疲労をとるのにいいんだ」と言われたこともあります。選手の皆がアイスクリームを喜びますが、とくに闘莉王選手はよく食べます。「試合後は興奮していて疲れているためか、食欲があまりわかないんだよね。ふだんは甘いものは食べないのに、試合後には無性に食べたくなる。だからアイスクリームはほんとにうれしい」と言います。

日本では試合二日前から油脂類を使わない食事を提供することにしていますが、イタリアのチームでは試合前でも肉もパスタもデザートも気にせず食べる選手もいる、と中村選手から聞いて、国の食文化の違いだけでなく、体格や体質によってスポーツ選手の食事はそれぞれに異なるのだな、とあらためて思いました。

南アフリカに乗り込む

コートジボワール戦後すぐに、私はチームより一足早く、日本サッカー協会セキュリティ担当の高埜さんと、西鉄旅行担当者の原川さんとともに南アフリカに向けて旅立ちました。

スイスから南アフリカまでは一日がかりの長い旅です。日本を遠く離れた南アフリカで、日本代表は四大会連続の出場となるワールドカップに臨みます。

第四章では、日記形式で日本代表が南アフリカの地で何を食べ、どんなふうに活躍したかをつづっていきます。ワールドカップ南アフリカ大会は、私が代表帯同シェフになって七年目の遠征帯同でした。そして、代表の成績、チームの雰囲気、食事や選手たちの健康面でもっとも「うまくいった」という手ごたえのあった遠征となりました。何が、どううまくいったのかを、日記でご紹介したいと思います。

第四章

二〇一〇年ワールドカップ南アフリカ大会 日記

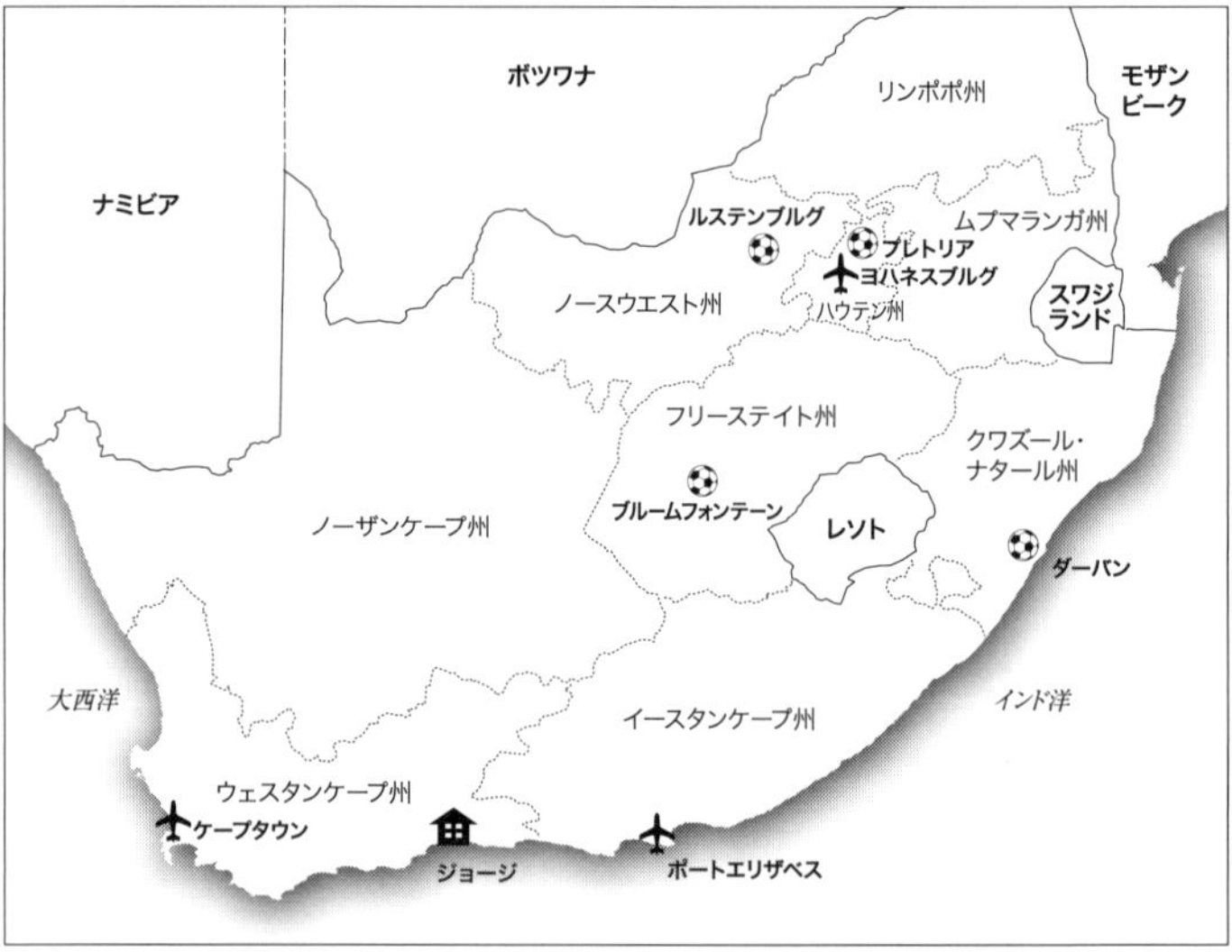

ワールドカップ南アフリカ大会

《グループリーグ》

6月14日　第1戦　カメルーン戦
ブルームフォンテーン：フリーステイト・スタジアム

6月19日　第2戦　オランダ戦
ダーバン：モーゼス・マヒダ・スタジアム

6月24日　第3戦　デンマーク戦
ルステンブルグ：ロイヤル・バフォケン・スタジアム

《決勝トーナメント》

6月29日　ラウンド16　パラグアイ戦
プレトリア：ロフタス・バースフェルド・スタジアム

6/4 FRI

西：スイスからジョージへ移動
日本代表チーム：スイス、ザースフェー合宿。コートジボワール代表と親善試合

日本代表は事前テストマッチとしてスイスでコートジボワール代表と試合をした。試合終了後すぐに、チームより一足早く日本サッカー協会セキュリティ担当の高埜さんと西鉄旅行の原川さんとともにジュネーブの空港から南アフリカのキャンプ地、ジョージに向けて出発。

アフリカの首都、ヨハネスブルグへの到着は予定より遅れたが、食材について日本から問い合わせていろいろ教えてもらっていた日本料理店「だるま」の店長さんが空港で待っていてくださった。「和食用食材で足りないものがあれば、いつでもおっしゃってください」という心強い言葉をいただく。

ヨハネスブルグからジョージまで国内線の直行便で移動するはずだったが、ジュネーブからの飛行機の到着が遅れたために、手配していたジョージ行きの最終便に間に合わなかった。そこでケープタウンまで飛び、車でジョージに移動することになった。

ケープタウンからジョージまでは陸路で五時間かかる。移動中に車窓から南アフリカの光景を眺めた。麦畑が広がり、牧草地に牛が点在しているのどかな田園風景が広がっている。想像していた以上に田舎だ。夜になると満天の星空が広がり美しい。南十字星を見つけて「南半球に来たのだ」と実感した。

突貫工事でつくってくれたライブステーション。大きな鉄板ではお好み焼きを一度に５枚も焼ける。

ジョージでのベースキャンプ地となるファンコート・ホテルでは、支配人とシェフのグランツさんが夜の遅い時間にもかかわらず待っていてくれた。さっそく原川さんとともに厨房や食事会場を案内して見せてもらう。スイスから図面をファックスで送って依頼したライブステーションが設置されていた。数日の突貫工事でつくってくれたにもかかわらず、巨大なダクトが通り、ガスコンロの口が六つもある。鉄板まで置いてくれたから肉を焼くのにはもちろん、焼きそばやお好み焼きも一度にたくさんつくれそうだ。"It's great! Wonderful!"と賛辞を送ったら、ホテルのスタッフはうれしそうだった。

ホテル上階にあるイタリアン・レストランで原川さんを交えてシェフのグランツさんたちと打ち合わせをした。チームが到着してからのスケジュールと、毎日のメニューで何をホテルの厨房スタッフにつくってもらい、何を私たち日本のシェフがつくるかについて話し合った。午前二時すぎにやっと就寝。

6/5 SAT

西：ジョージ
日本代表チーム：スイス、ザースフェーからジョージへ移動

朝食はホテルのレストランでとる。ヨーロピアン・スタイルのビュッフェ形式だ。

日本の手ぬぐいをタイにしたシェフ・グランツとメニューの相談。

その後、厨房のスタッフと顔合わせをした。シェフ・グランツとその下に料理人が三人、女性の補助が四人入り、計八人が日本代表チームの調理を担当することになっている。十分に手は足りるだろう。ホテル側から、同ホテルにあるイタリアン・レストランには、ヨーロッパから招いたシェフが二人いるので、人手がどうしても足りないときには手伝ってもらえるはずだ、と言われた。だが、メインダイニングのシェフ・グランツをはじめ厨房スタッフは「自分たちで十分にやれる。安心してくれ」と胸を叩いた。プライドがあるのだろう。専属のパティシエも三人いるとのことで、期間中に誕生日を迎える大久保嘉人選手、本田圭佑選手と中村俊輔選手のお祝いのケーキも頼めそうだ。

ただ、厨房の衛生管理面にはやや不安を感じた。厨房内は完璧に清潔とは言いがたいし、衛生管理の教育が補助の人まで行き届いていないという印象を持った。調理器具を消毒する洗剤を日本から持参してよかった。食材を扱うときにはよく注意するように言わなくてはならない。厨房で働く人もホールで配膳する従業員も皆愛想がよくて感じはいいのだが、仕事ぶりに関しては前年滞在したポートエリザベスのホテルとは大ちがいだ。手洗いと調理器具の消毒、食材の取り扱い方、配膳の仕方などについては嫌がられても注意しなくてはならない。気を引き締めていこう。

救いは、ジョージの気候が食中毒を起こしやすい高温多湿ではないことだ。最高気温が十五度前後で朝晩は寒いくらいだし、何より湿度が低くて乾燥している。

ホテルはゴルフコースを併設していて、窓の外には緑が一面に広がり気持ちがいい。このゴルフコースは世界的に有名で「宮里藍が優勝を飾ったこともあるんだよ」とホテルのスタッフは自慢げに話した。

持参した食材を確認し、シェフ・グランツと翌日のメニューについて打ち合わせて、食材の発注をかけてもらった。明日、チームが到着する前にやっておかねばならない準備であわただしく一日が過ぎていった。

原川さんが私のために一室用意してくれたのだが、インターネットがつながらないのが不便で困った。そこで日本サッカー協会総務の津村さんたちが寝泊まりする四人部屋に入れてもらうことにした。応接セットが置かれた居間つきのスイートルームだ。居間はスタッフたちが打ち合わせをするスペースとなっている。結局、ジョージに滞在している間はずっと四人部屋のベッドで寝泊まりした。

サポートスタッフたちは遠征に行くとほとんどベッドで眠ることがないほど忙しい。選手団長、監督、コーチ、テクニカルスタッフ、ドクター、トレーナー、コーディネーター、総務、メディアオフィサー、キットスタッフ、そして私たちシェフを入れて、ワールドカップ出場南アフリカ大会の日本選手団のスタッフは総勢二十四名である。これはワールドカップ出場国のなかでは中規模で、たとえばイングランド代表のスタッフは五十五名もいることを先日オーストリアで行なわれたテストマッチのときに知った。強豪チームにはやはり大きな予算がつくのだ。

街には日の丸の旗が道路沿いの照明灯に飾られ、街をあげての歓迎ムードである。いよいよ本番だ、と気持ちが高まっていく。

6/6 SUN

西：ジョージ
日本代表チーム：ジョージに到着。その後トレーニング

朝九時すぎに日本代表選手団がホテルに到着。「引率」してきた総務の津村さんから「西さん、元気?」と声をかけられた。スイスから手配したライブステーション設置の件が気になっていたらしく「厨房設備は大丈夫でしたか?」と聞かれた。「まったく問題なし。立派なライブステーションができていますよ」と話した。

移動でやや疲れが見えるものの、選手も監督、コーチたちも元気そうで何よりだ。地元の人々が歓迎セレモニーを行なうというので全員が再びロビーに集まった。ホテルの外には街の人たちが大勢「WELCOME」「JAPAN」と書いたプラカードを持って集まってくれている。百人は越えていたのではないか。監督以下選手、スタッフも並んで歓迎セレモニーに参加する。市長が「ファンコートはミズ・アイ・ミヤザトが優勝したとても縁起のいいゴ

昼食

- タラの煮つけ
- スズキの塩焼き
- 豚焼肉
- ローストチキン
- 味噌汁（ワカメ、豆腐）
- スープ
- パスタ LIVE 巻末レシピ
（クリーム、ペペロンチーノ）

夕食

- サバの塩焼き
- タラのトマトソース煮
- 焼餃子
- 味噌汁（ワカメ、豆腐）
- スープ
- ポークグリル LIVE
- パスタ LIVE 巻末レシピ
（バジル、トマト、ペペロンチーノ）

ルフ場です。どうぞ日本代表チームにも多くの幸運が訪れますように」と歓迎のメッセージを送った。あたたかい気持ちを選手たちも感じていた様子だ。

部屋割りとスケジュールの打ち合わせのあと、選手たちが昼食のために食事会場にやってきた。闘莉王選手がさっそくライブステーションまでやってきて、挨拶をしたあと「西さん、今日の夕食のサプライズ・メニューは何？」と聞いた。昼食と夕食にはよく、選手たちが喜びそうなメニューをライブクッキングで調理するように一〜二品用意しておくのだが、それを闘莉王選手は「サプライズ・メニュー」と呼んで楽しみにしている。夕食ではポークグリルを出すことを告げると、肉が大好きな闘莉王選手はうれしそうに「そうですか。それじゃ今晩はビュッフェで肉料理をとるのを少し控えておきますね」と言って、サラダバーのほうに行った。

ジョージの食事会場は一面が総ガラス張りになっている。ふだんはカーテンが閉められていて外からは見えないようになっているが、カーテンを開けると緑豊かな景色が広がっていて気持ちがいい。

昼食後、選手たちは写真撮影とトレーニングに向かった。練習場は車で十分ほどのところにある。また選手たちの部屋はゴルフコースを取り囲むように建てられた宿泊棟にあり、食事会場まではゴルフ場脇の散歩道を通ってくる。夕食の食事会場にやってきた選手たちは「部屋から食事会場まで外の空気を吸いながら散歩できて気分転換になる」と口々に言っていた。スイスでも美しいアルプスの山々を眺めて歩いて練習場まで通ったことがとてもいい気晴らしになった、と選手たちは言っていた。ここジョージでは治安の面から街を歩くことはできないが、広々とした敷地内を散歩することで緊張もほぐれるし、閉そく感も和らぐのだろう。

岡田監督も「それぞれの部屋から食事会場に向かうとき、エレベーターに乗って移動するのではなく、外を歩いて行けることでメンタル的に癒されるだろう。」という点を高く評価してここをベースキャンプ地に決定した、ということだった。合宿地選定に加わったスタッフの一人である津村さんも「(ジョージのファンコート・ホテルに決めたとき)ロケーションでは勝ち点をとった、と思いましたよ」と言っていた。

今日の日記からごはん、パン、サラダや飲み物といった基本メニュー以外で調理したものを掲載していく。記載から省いているが、朝は二升、昼と夜は四升ずつ、試合後の食事では八升の白米を炊いている。白米をおいしくしっかり食べてエネルギー源にしてもらいたい。

食事会場の隣の部屋には、津村さんが卓球台とダーツとサッカーゲームのボードを購入して設置した。見つけた選手たちが、夕食後にさっそく卓球を楽しみ始めた。結局、ジョージに滞在中はほぼ毎日、食事後に大勢の選手が時間の許すかぎり卓球やダーツに興じていた。休憩時間中のレクリエーションではあるのだが、そこはスポーツ選手たちだ。トーナメント形式で真剣勝負の試合となった。とくに熱くなっていたのが闘莉王、阿部、大久保、本田、長友、中村俊輔、岡崎といった選手たちだ。闘志を燃やす人たちばかりなので、試合は激しい！　サッカーの厳しいトレーニングをしたあとなのに、卓球でもあれだけ激しく汗をかくとは、本当に皆若くて元気だと感心する。

南アフリカにチームが移動してきて、いよいよワールドカップ目前であることを感じた。一日の仕事が終わって部屋に引きあげると、津村さんが集まっていたサポートスタッフたちに「楽しんでいきましょう！」と声をかけた。そうだ、楽しんでいこう！　サポートスタッフが楽しそうにいきいきと仕事をすれば、きっと選手たちもリラックスして元気がわいてくるだろう。

6/7 MON

西：ジョージ
日本代表チーム：ジョージでトレーニング

この日以降、日々のメニューを紹介していくが、毎食出していたものがあるので、それをまずご紹介しておきたい。

毎食共通のメニュー

- ◆ミネラルウォーター
- ◆スパークリングウォーター
- ◆フルーツジュース
- ◆ローファットミルク
- ◆コーヒー
- ◆紅茶
- ◆サラダ（リセッタドレッシング４種・バルサミコ酢・オリーブオイル・マヨネーズ）
- ◆パン４種（ジャム２種・バター）
- ◆シリアル３種
- ◆ハム盛合せ
- ◆チーズ盛合せ
- ◆温野菜
- ◆納豆
- ◆海苔佃煮
- ◆味つけ海苔
- ◆ふりかけ
- ◆梅干
- ◆なめ茸
- ◆食べるラー油
- ◆明太子又はたらこ（朝食）
- ◆キムチ（昼食と夕食）
- ◆漬物
- ◆プレーンヨーグルト（フルーツソース２種）
- ◆カップヨーグルト
- ◆フルーツ３種、バナナ
- ◆昼食・夕食デザート２種（試合後のみアイスクリーム）

朝食

- ◆ヘイクの塩焼き
- ◆ボイルハム、ソーセージ
- ◆マッシュルーム、グリルトマト
- ◆ポテト
- ◆パンケーキ
- ◆味噌汁（ワカメ・豆腐）
- ◆スープ
- ◆卵料理 LIVE
（オムレツ・目玉焼き）

昼食

- ◆キングクリップの塩焼き
- ◆チキンのトマト煮
- ◆ひじき煮
- ◆炒飯
- ◆澄まし汁（ワカメ・筍）
- ◆スープ
- ◆牛ヒレステーキ LIVE
- ◆パスタ LIVE （巻末レシピ）
（トマト・ボロネーゼ・ペペロンチーノ）

夕食

- ◆銀ダラの照り焼き
- ◆ヘイクの塩焼き
- ◆ポークカツレツ
- ◆鶏レバーとこんにゃくの甘辛煮
- ◆味噌汁（キャベツ・人参・絹さや）
- ◆スープ
- ◆白湯ラーメン LIVE
- ◆パスタ LIVE （巻末レシピ）
（チーズクリーム・トマト・ペペロンチーノ）

今日からいよいよ南アフリカでの練習が本格的に始まった。選手たちは特に緊張した様子もなく、のびのびしている。

今日の人気メニューはとんこつスープの白湯ラーメン。選手が喜んだのはともかく、なんとホテルの厨房スタッフが味見をして非常に気に入った様子だ。「ニホンのラーメンなるヌードルがおいしい」という話を聞きつけて、フロントのスタッフや支配人まで味見にやってきた。ラーメン、照り焼き、カレーはここ南アフリカでも人気の「日本食」メニューとなりそうだ。

日本食のメニューは私たち日本人シェフが調理するが、現地のスタッフにはグラタン、スープといった洋食系の料理や、地元でとれた魚の料理をお願いしている。ジョージは海から十キロほど内陸にあるが、新鮮な魚が入手できる、とのこと。メニューに載せた魚について説明しておこう。ヘイクはタラの一種。南洋でとれる魚で、スペイン人が好んで食べるメルルーサと言えばわかる方も多いだろう。キングクリップは南アフリカをはじめ、南半球の国々で主要な食料となっている魚だ。体長は一メートルにも達し、体の色が赤い魚だ。スナッパーも南半球で多く食べられる魚で、タイの一種。シルバーフィッシュは名前のとおり体の色が銀色の魚だ。いずれも身は淡白で味にクセがなく食べやすい。塩焼きにしたり、唐揚げにしてチリソースをかけたり、と調理にバラエティをもたせて、飽きずに食べてもらえるように工夫をしよう。

標高一八〇〇メートルで行なったスイスの高地合宿をへて、標高一九〇〇メートルのアフリカ南端の海沿いの街、ジョージへ移動したわけだが、カメルーン戦が行なわれるブルームフォンテーンは標高一四〇〇メートルだ。大事な初戦を戦うための高地順化のトレーニングを行なってきたが、その効果はどうなのだろうか？

杉田先生は毎朝選手たちの血液と尿を検査して、疲労度をはかっている。「ぼくは尿のソムリエですよ」と冗談めかしておっしゃる。高地順化のために日本にいたときから選手たちが実施している「間欠的低酸素吸入」（マスクをつけて低酸素を吸入して負荷をかけ、つぎに常酸素を四分間吸入することを繰り返して高地に馴れる）の効果もあるようだ。今のところ疲労度

鉄分補充の料理には「鉄分」の表示。スイス合宿から続けていた。

について注意を要するような選手は出ていないと杉田先生はおっしゃっていた。血液検査と尿検査によるデータをもとに、メディカルスタッフは毎晩ミーティングをして情報を共有し、岡田監督に報告をしているそうだ。

食事面でも気をつけている。今日は鉄分補充のために昼食にひじき煮をまた出した。ひじきの料理を代表遠征の食事に出すのは今回がはじめてだ。スイスではじめて出したときに、すぐに気づいて「お、西さん、ひじきなんて珍しいですね。代表の食事でははじめてじゃないですか？」と言ってきた選手がいた。

鉄分を多くふくむメニューを出すときには、選手の皆さんの注意を促すように「鉄分」というポップをつくって料理のトレイの前に置いておくことをスイス合宿のときから続けている。おかげでひじきやレバーが高地で不足しがちな鉄分補充に効果があることを選手の皆さんにも意識してもらえるようになった。

6/8 TUE

西：ジョージ
日本代表チーム：ジョージでトレーニング

ジョージに選手たちが到着した六日と翌日の七日は秋の穏やかな気候だったが、この日から一気に寒くなって冬の気候になる。練習場との往復にダウンをはおっている選手も見かけるようになった。

選手たちはジョージの環境にもすぐに慣れてリラックスした様子だ。テストマッチで結果は出ていないが、手ごたえは感じているようで、本番を目の前にしながらもあせったりいらだったりしている様子は見受けられない。食欲も旺盛で、それが何よりだと安心する。一番の大食漢は森本貴幸選手。その気持ちがいいほどの食べっぷりを見ていると、さすがに若いと感心する。

今日のおすすめメニューは昼食に出した豆腐豚バラ肉巻き。水を切った豆腐を豚バラ肉で巻いて焼いた料理だ。豚バラ肉は脂があるためか、好きな選手たちが多い。ただ脂っぽいの

朝食

- ヘイクの塩焼き
- ボイルハム、ソーセージ
- マッシュルーム、グリルトマト
- ポテト
- パンケーキ
- 高野豆腐と椎茸の煮物
- 味噌汁（ネギ・ジャガイモ・油揚げ）
- スープ
- 卵料理 LIVE（オムレツ・目玉焼き）

昼食

- キングクリップの塩蒸し
- 豆腐豚バラ肉巻き
- チキンのクリーム煮
- 肉じゃが
- 焼きそば
- 味噌汁（ネギ・ワカメ・豆腐）
- スープ
- パスタ LIVE 巻末レシピ（バジル・ボロネーゼ・ペペロンチーノ）

夕食

- サンマの甘露煮 巻末レシピ
- ピーマンの肉詰め
- 豚レバー炒め
- サーモンと野菜のグリル
- 味噌汁（ネギ・ワカメ・油揚げ）
- スープ
- 牛ヒレステーキ LIVE
- パスタ LIVE 巻末レシピ（トマト・クリーム・ペペロンチーノ）

梅干、キムチ、ふりかけなど、ごはんのおともと調味料が置かれたテーブル。

で豆腐を巻いてからよく焼いて脂を落とした。久々に出した肉じゃがも人気だった。スタッフも「お、日本の味だね」と言ってうれしそうに食べていた。

昼食には焼きそばも出した。ラーメンと並んで、焼きそばも「なごみのメニュー」の一つである。なごみのメニューとは、日本を遠く離れた地で食べるとほっとしてやけにおいしく感じられる料理のことだ。なごみのメニューを何にするかを秘密にしているわけではないのだが、あえて「明日は○○が出る」とは告げることはないので、楽しみが増えるらしい。私が「今日は勝負をかけるぞ」というときにはなごみのメニューの品数が増えるので、アスレティックトレーナーの早川さんなどは「西さん、つぎの勝負どころはいつですか?」とさりげなく探りを入れてくる。(でもそう簡単には勝負どころがいつかを教えたりはしないが)

食事会場の雰囲気もよい。とくに、ベテランの選手たちがチームの一体感を生み出そうと気を遣っているのが食事会場の風景からもうかがえる。前回大会を経験した川口能活選手、楢崎正剛選手、中澤佑二選手、中村俊輔選手や遠藤保仁選手は、若手たちに積極的に声をかけ、食事会場でも同じメンバーでいつもテーブルを囲まないように意識していることがはたから見ている私にもわかる。その努力の甲斐があってか、グループで固まるようなことはなく、自由時間にも皆で集まって談笑している光景をよく見かける。

6/9 WED

西：ジョージ
日本代表チーム：ジョージでトレーニング

二〇〇九年十一月、南アフリカ代表との親善試合のためにポートエリザベス（イースタンケープ州の州都）に行ったとき、南アフリカで調達できる食材の品質をチェックした。ポートエリザベスのホテルは超一流で、南アフリカの料理選手権のような大会で何回も優勝を飾っているシェフがいたためか、ホテルに集まる食材も超一流だった……ということを、ここ、ジョージで思い知らされた。

朝食

- キングクリップの塩焼き
- ボイルハム、ソーセージ
- マッシュルーム、グリルトマト
- ポテト
- パンケーキ
- 味噌汁
  （ネギ・マッシュルーム・豆腐）
- スープ
- 卵料理 LIVE
  （オムレツ・目玉焼き）

昼食

- ヘイクのスチーム
- 豚焼肉
- チキンパンチェッタ
- 八宝菜
- 味噌汁（キャベツ・ネギ）
- スープ
- 牛ヒレステーキ LIVE
- パスタ LIVE （巻末レシピ）
  （トマト・ボロネーゼ・ペペロンチーノ）

夕食

- ウナギの蒲焼き
- 豚の角煮（卵入り）
- ローストチキン
- 焼春巻き（卵入り）
- 味噌汁（ネギ・サツマイモ・油揚げ）
- スープ
- ラムステーキ LIVE
- パスタ LIVE （巻末レシピ）
  （チーズクリーム・トマト・ペペロンチーノ）

牛肉で「おいしい！」と感じられるのはヒレくらい。サーロインは今一つの品質だ。それでもあるものを使って料理するしかないので、筋切りや脂身をとるなど下処理をいつも以上に念入りにしてステーキにする。明日はジンバブエとの練習試合が控えているので、この日は脂身が少ないヒレ肉をステーキにしてライブクッキングで出した。

ポートエリザベスでは感激するほどおいしかったはずの鶏肉も、ここジョージで手に入るものは味が今一つだ。とくに胸肉は肉汁が少なくぱさぱさした食感で喉を通りにくい。試合の前日から鶏肉も脂の少ない胸肉を出すことにしているのだが、ただ焼いただけではかたくて食べにくい。そこで前の晩から塩、こしょう、オイルで漬け汁をつくって漬け込んでやわらかくし、パンチェッタのハムで巻いてグリルしてチキンパンチェッタにした。肉が少しジューシーになり、パンチェッタの香りと味でチキンの淡白な味にいい風味がつき、おかげで選手たちもおいしいと言って食べてくれた。

夜のライブクッキングはラムステーキになった。ホテル側が「ラムはどうだ？ここのラムはおいしいぞ」と何度もすすめるのだが、ふだん食べ慣れていない食材に選手は手を出さないのがわかっているのでやんわり断ってきた。だが、この日は昼食に牛肉と鶏肉を出したし、豚肉は角煮で使ったので、目先を変えたいということもあってラム肉のステーキを思い切って出してみた。実は日本代表のメニューでラムを使用したのははじめてだ。ホテルのスタッフが熱心にすすめただけあって、肉にラム独特のくさみがない。ライブクッキングで焼きたてを食べられたこともあり、予想以上の売れ行きとなった。肉が好きな闘莉王選手は「ラムなのにくさみが全然ないですね」とにこにこして食べてくれた。

明日は本番前の最後となる練習試合だ。試合前日の夕食には必ずウナギを出すことにしている。栄養学的に言うと、ビタミンが豊富にふくまれていて、疲労回復、免疫力強化、カルシウムの吸収に優れた働きをするとされるウナギは、試合前日に食べるのに絶好のメニューだ。というのはあくまでも栄養学の話であって、選手たちがウナギを喜ぶのは、おいしくてごはんと一緒に食べられるからだ。炭水化物を多く摂取することが試合で走り回れるエネルギーを生む。それを実感しているから、試合前日に選手たちはウナギとともにごはんをたくさん食べる。

夕食後、大久保嘉人選手の二十八回目の誕生日を選手、スタッフ全員で祝った。ロウソクを立てたチョコレートケーキを、ホテルの従業員の一人がそろそろと運び、あとから男女合わせて十人の従業員たちが一緒に食事会場に入ってきた。ケーキを囲んで、全員がアフリカの歌を歌ってお祝いのダンスをしてくれるというとてもにぎやかな誕生日のセレモニーになった。大久保選手も少し照れながらもうれしそうにロウソクを吹き消し、アフリカの地で迎えた誕生日に感慨深げだった。

朝食のライブクッキングで
目玉焼きをつくる。

6/10
THU

西：ジョージ
日本代表チーム：ジョージでジンバブエとの練習試合

今日は十二時三十分よりジョージでジンバブエとの練習試合が予定されていたので、チームは七時三十分から朝食、九時から軽食をとって試合会場へ出発した。

試合の日は、キックオフの時間に関係なく朝からたいへん忙しい。キックオフ三時間半前におにぎり、うどん、サンドイッチなど炭水化物を補給するための軽食を出すことにしているのでその準備があるからだ。今日はキックオフが午後の早い時間だったので、朝食の片付けをする前に軽食を出す、というあわただしさだった。

加えて、明日私はカメルーン戦が行なわれるブルームフォンテーンに移動するので、持っていく食材の準備があっていっそうあわただしい。練習試合に向かう選手たちを見送ったあとも、フル回転で料理と荷づくりに追われた。

今日は試合があったので、いつもより早めの十八時三十分から夕食を開始する。今日のおすすめメニューはライブクッキングで焼いたシーフードお好み焼きだ。ライブステーションに大きな鉄板を設置してもらったおかげで、一度に何枚も焼ける。具は持参した桜エビや紅生姜に、ホテルの冷蔵庫にあったシーフードミックスを加えた。今回の遠征中に一度はお好み焼きを焼く予定にしていたので、おたふくソースを日本から持参した。お好み焼きにはおたふくソースでなければならない。そういうところにはこだわりがあるのだ。

お好み焼きを見て皆の目が輝いた。ホテルの料理長、シェフ・グランツまで"Oh! Big hotcake!"と生まれてはじめて見たお好み焼きに興奮し、味見して"Good!"と評価した。長谷部誠選手が「うまいです、ほんとうまいですよ、お好み焼き」と言っておかわりした。「まさか南アフリカでお好み焼きが食べられるとは思ってなかったです」と満面の笑みを浮かべてうれしそうだ。そんなに気に入ってもらえるとは思わなかった。岡田監督は「非常においしかったけれど、俺はお好み焼きの本場大阪の出身だからね、お好み焼きに求めるレベルは

朝食&軽食

- ボイルハム、ソーセージ
- マッシュルーム、グリルトマト
- ポテト
- パンケーキ
- 卵料理 LIVE（オムレツ・目玉焼き）

- シルバーフィッシュの塩焼き
- 味噌汁（ネギ・ワカメ・油揚げ）
- スープ
- おにぎり（鮭・おかか・昆布）
- サンドイッチ
- うどん LIVE
- パスタ LIVE （巻末レシピ）（バジル・トマト・ペペロンチーノ）

【試合後の軽食】
- おにぎり（たらこ・おかか・昆布）
- サンドイッチ

夕食

- ホッケ焼き
- ヘイクのスイートチリソース
- 豚ロースのハニーマスタード
- 鶏の竜田揚げ
- くらげ酢
- 味噌汁（ネギ・アサリ・油揚げ）
- スープ
- シーフードお好み焼き LIVE
- パスタ LIVE （巻末レシピ）（トマト・クリーム・ペペロンチーノ）

高いんだよ。本当は自分で焼きたいくらいだ」と冗談交じりにおっしゃった。お好み焼きで盛り上がった夕食だった。

6/11 FRI

ワールドカップ南アフリカ大会開幕
西：ジョージからブルームフォンテーンに移動
日本代表チーム：ジョージで一日オフ

朝食
- スナッパーの塩焼き
- ボイルハム、ソーセージ
- マッシュルーム、グリルトマト
- ポテト
- パンケーキ
- 味噌汁（ワカメ・ネギ・豆腐・油揚げ）
- スープ
- 卵料理 LIVE（オムレツ・目玉焼き）

昼食
- キングクリップの塩焼き
- ブルボス
- 蒸し鶏の野菜あんかけ
- エビチリソース
- 味噌汁（ネギ・玉ネギ・ジャガイモ）
- スープ
- 牛ヒレステーキ LIVE
- パスタ LIVE 巻末レシピ（トマト・ボロネーゼ・ペペロンチーノ）

夕食
- シシャモ焼き
- ローストポーク
- ラム肉団子甘酢あん
- キムチ炒飯
- 味噌汁（キノコ・ワカメ・豆腐・人参）
- スープ
- カラマリステーキ LIVE
- パスタ LIVE 巻末レシピ（トマト・クリーム・ペペロンチーノ）

今日からいよいよワールドカップ南アフリカ大会が開幕する。午後からヨハネスブルグのサッカーシティ競技場で開会式が行なわれる。

選手たちはオフ。一日、好きなことをして自由に過ごせるというので、前日から遠足前の小学生のようにうきうきして楽しそうだった。本田圭佑選手と長友佑都選手は「せっかくゴルフコースが目の前にあるのだから、やらないわけにはいかない」とゴルフをするという。松井大輔選手は釣り堀を見つけ、釣りをすると張り切っていた。チームが手配したバスでジョージの街のショッピングモールに買い物に行くという選手もいれば、一日のんびり身体を休める選手、日本からやってきた家族と過ごすという選手など、皆それぞれ休日の計画を練っていたようだ。

私はこの日の朝食後、原川さんと一緒にブルームフォンテーンに先乗りするのでその準備に追われた。

前日ホテルのシェフとメニューの打ち合わせをしたとき、「肉がラムしかない」と言う。二日前にライブクッキングでラムステーキを出したとき、予想外に評判がよかったのでもう一度使ってみることにする。ただ今回は料理法を変えて挽肉にしてから団子にし、中華風の甘酢あんとからめて出すようにと今井シェフに指示を出した。

昼食で出したブルボスは南アフリカの名物料理であるソーセージだ。南アフリカに入植したオランダ系住民がソウルフードとして食べていたという伝統食で、地域ごと、また家庭ごとに独特の味があるそうだ。言ってみれば太い粗びきソーセージで、バーベキューのときに網にのせて焼くのが一般的な料理法だ。選手たちもおそるおそる口にしていたそうだ。

夕飯のライブクッキングでは、カラマリステーキ、つまりイカのステーキを出したところ、闘莉王選手が大いに気に入っておかわりしたという。「このたれが絶品です。食べたことがない味だ。いったい何のソースですか？」と今井シェフが聞かれたそうだ。ほかの選手たちにも好評だったようでよかった。

6/12 SAT

西：ブルームフォンテーン
日本代表チーム：ジョージからブルームフォンテーンに移動。午後トレーニング

朝食

- キングクリップの塩焼き
- ボイルハム
- ソーセージ
- マッシュルーム、グリルトマト
- ポテト
- パンケーキ
- 味噌汁（ネギ・豆腐・油揚げ）
- スープ
- 卵料理 LIVE（オムレツ・目玉焼き）

昼食

- ニジマスのグリル
- チキン焼肉風味
- キノコ野菜ソテー
- ポテトグラタン
- 味噌汁（ワカメ・ジャガイモ）
- スープ
- 牛ヒレステーキ LIVE
- パスタ LIVE 巻末レシピ（トマト・ペペロンチーノ）

夕食

- 銀ダラの照り焼き
- 牛ヒレステーキ
- チキンクリーム煮
- 春巻き
- とろろ
- 味噌汁（ネギ・豆腐・油揚げ）
- スープ
- パスタ LIVE 巻末レシピ（トマト・ペペロンチーノ・明太クリーム）

ブルームフォンテーンの気さくなホテルスタッフたちと。

ブルームフォンテーンは南アフリカの内陸、フリーステイト州モテオ郡マウガウング地方自治体にある街で、二〇〇〇年までは州都だった。印象としては、山のなかにある小都市。前日夜に空港に到着したときの私の第一声は「寒い!」。凍えそうな寒さに身をすくめていたら、雹《ひょう》まで降ってきた。

滞在するホテルは街中にあるプロテア・ホテル・ブルームフォンテーン。FIFAから指定されたホテルだ。小規模のビジネスホテルのためか、厨房設備はお世辞にも整っているとは言えない。ライブクッキングをどうしようかと考えたが、厨房の一角にバイキングの際に料理を出すためのカウンターがあったので、そこを利用することにする。

原川さんとともにホテルと打ち合わせて食材の発注をかけてもらおうとしたのだが、ブルームフォンテーンが山のなかにある街のために、調達できる食材が少ないことに驚いた。肉を注文しても、牛のヒレ肉がない、鶏の胸肉がない、とないないづくしだ。その上、発注をかけると「OK」とその場で言っているのに、結局届かない。そういえば、南アフリカにチームが到着した日に、岡田監督から「ここはアフリカで日本とはちがう。物事がスムーズに運ばないかもしれないけれど、そこは割り切っていきましょう」と言われたことを思い出す。とにかくあるものでなんとかしなくてはならない。

選手たちは朝ジョージのホテルを発って、昼過ぎにブルームフォンテーンに到着し、昼食後、トレーニングに出かけた。ホテルを一歩出るとそこは危険区域で、外はライフルを持った軍人らしき人が警備にあたっている。ジョージのようにのどかな雰囲気はない。

夕食はジョージから持参した銀ダラの照り焼きと、ホテル厨房の冷凍庫を開けて見つけた春巻きを使わせてもらうことにした。ライブクッキングでは火力が弱くてステーキが焼けなかったので、厨房で焼いて出した。ライブクッキングで調理したのはパスタのみだ。

選手たちは一様に「寒い！」と言う。メディカルスタッフが風邪の予防としてうがいをしっかりするよう伝えている。平地から高地に移ってきたので杉田先生が大忙しだ。すっかり日常の業務として定着した血液検査と尿検査で、選手の疲労度と体調をチェックしている。杉田先生は食事のとき、サーバーラインに立ってビュッフェの料理をよそうふりをしながら選手にさりげなく近づき「どう？　調子はいい？」「ちゃんと眠れている？」と話しかけて情報収集をしている。以前に聞き方がまずかったためか、「先生、俺、調子が悪いという数値が出ているんですか？」とかえって選手を不安がらせたことがあるので、できるだけ自然に話しかけるよう努めているそうだ。

ドクターたちが心配するような体調不良の選手は、今のところ一人もいない。海外遠征では毎回怪我人や体調不良者が出てメディカルスタッフが大忙しなのだが、今回はそんなことも少なくありがたいかぎりだ。

6/13 SUN

カメルーン戦前日
西：ブルームフォンテーン
日本代表チーム：ブルームフォンテーン。午後から公式練習

明日はいよいよ日本代表のワールドカップ初戦、カメルーン戦だ。試合は現地時間十六時キックオフ。それに合わせて試合会場となるフリーステイト・スタジアムで公式練習が行なわれるので、昼食後チームは出かけていった。
今日は本田圭佑選手の誕生日なので、ホテルのパティシエにケーキを用意してくれるよう注文した。

朝食
- サーモンの塩焼き
- ボイルハム、ソーセージ
- マッシュルーム、グリルトマト
- ポテト
- パンケーキ
- 味噌汁（ネギ・豆腐）
- スープ
- 卵料理 LIVE（オムレツ・目玉焼き）

昼食
- サーモングリル
- 豚肉生姜焼き
- グリルチキン
- 豚肉じゃが
- 水餃子
- 味噌汁（豆腐・青菜）
- スープ
- パスタ LIVE 巻末レシピ（トマト・ボロネーゼ・ペペロンチーノ）

夕食
- ウナギの蒲焼き
- 牛ヒレステーキ
- 辛くないエビチリ 巻末レシピ
- チゲ煮（豚肉・筍・こんにゃく）
- 味噌汁（ワカメ・豆腐）
- スープ
- パスタ LIVE 巻末レシピ（バジル・トマト・ペペロンチーノ）

注文といえば、昼食用に頼んでいた牛肉も鶏肉も届かず、あるのは豚肉だけだという。魚もサーモンしか手に入らなかった。山のなかだからしかたないか。牛肉の肉じゃがを予定していたのだが、やむなく豚肉じゃがに変更した。豚肉じゃがに豚肉生姜焼きと、肉が豚肉だけになってしまって残念だ。

ブルームフォンテーンは高地にあるためとにかく寒い。夜間の気温は零下になるほどだ。これだけ寒ければ身体が温まるものがいいだろうと思い、夜にチゲ煮をつくったらこれが好評であっという間に売り切れた。ただ、食材が少なく、なかに入れたのは豚肉と筍とこんにゃくのみ。筍とこんにゃくをジョージから持参して正解だった。チゲ煮が辛いので、エビチリは豆板醬を入れずに辛みを抜き、ニンニクと生姜を使って風味を出した。選手のなかには香辛料がきつい料理が嫌いな人もいれば、反対に大好きという人もいるので、辛いものを一品つくれば、辛くないものもつくるようにしている。試合前なのでエビチリのエビは油で揚げず、下処理をしたあと片栗粉をつけて湯通しし、トマトソースと合わせた。

高地のためかどうか、ホテルの厨房の火力が弱くてお湯がなかなか沸かない。電熱を使っていたスイスとちがって、プロパンガスを使用している。高地のためにガスを十分に燃焼させるだけの酸素が足りず、不完全燃焼するために鍋が煤で真っ黒になった。私の白衣も真っ黒だ。そういう地で大活躍したのが圧力鍋だ。ここでもごはんが短時間でおいしく炊けた。持参して大正解だ。

夕食後にバースデーケーキを出して、本田圭佑選手の二十四歳の誕生日祝いをした。大事なワールドカップ初戦前夜ではあるが、皆笑顔でリラックスした表情だ。まだそれほどの緊張感は感じられなかった。

6/14 MON

グループリーグ第一戦カメルーン戦
（ブルームフォンテーン、フリーステイト・スタジアム）

今日はいよいよ日本代表のワールドカップ初戦となるカメルーン戦だ。キックオフ前に食べる軽食を準備する。選手たちよりも先に試合会場に行って、ロッカールームを整えるなどの準備をするドクター、アスレティックトレーナー、キットスタッフのために七人分の弁当をつくって渡した。また、チームは試合後、スタジアムから空港に直行してジョージに帰るので、試合後の栄養補給のために空港に向かうバスのなかで弁当を食べてもらう。その準備にも追われた。

圧力鍋で炊いたごはんのおいしさを実感するのが、試合前の軽食で出すおにぎりと、試合後の弁当につめるごはんだ。弁当では、多少冷めても粘り気とうまみがあるごはんを選手たちに食べてもらいたいと思う。

試合後にすぐに食べてもらう弁当は肉料理を中心にしている。食事でタンパク質を摂取す

朝食

- サーモンの塩焼き
- ボイルハム、ソーセージ
- マッシュルーム、グリルトマト
- ポテト
- パンケーキ
- 味噌汁（ネギ・ワカメ・豆腐）
- スープ
- 卵料理 LIVE
（オムレツ・目玉焼き）

昼食＆軽食

- 銀ムツの西京焼き
- チキンの照り焼き（巻末レシピ）
- 焼サンド
- おにぎり（鮭・おかか・昆布）
- ホットケーキ
- うどん（もち）LIVE
- パスタ LIVE （巻末レシピ）
（トマト・ペペロンチーノ）
- コンソメスープ
- フルーツ

【試合後】
- 鶏もも唐揚げ弁当

夕食

- 銀ダラの煮つけ
- スナッパーの塩焼き
- ローストポーク
- シーフード炒め
- チキンカレー
- 味噌汁（ネギ・ナス・キャベツ）
- スープ
- 牛ヒレステーキ LIVE
- パスタ（トマト・クリーム）LIVE

ることによって、損傷した筋肉の回復を早める効果を期待しているためだ。弁当のおかずとして一番人気があるのは鶏の唐揚げだ。ブルームフォンテーンで調達できた鶏肉は骨付きだけだった。骨を外したほうが食べやすいと思ったもののそこまでやる時間がなかったので、骨付きのまま前日からたれに漬け込んで、十分に下味をつけた。ブルームフォンテーンのホテルは火力が弱く、揚げ物をするには十分な温度が得られず、しかも小さなホテルなので揚げもの用のフライヤーがあまり大きくない。そこで表面だけ揚げてからオーブンに入れて火を通した。人参の煮物とズッキーニを焼いたものを付け合わせ、軽食用のおにぎりで余った塩鮭をほぐしたものや昆布の佃煮をごはんの上に置いてできあがりだ。試合後にごはんを食べて炭水化物を摂取することによって疲労回復が早まり、疲れを翌日に持ち越さないという効果がある。

朝食のときにはいつものようにリラックスしていた選手たちの表情は、軽食後に監督、スタッフを交えたミーティングの部屋から出てきたときに一変していた。「闘う顔」になっている。緊張とか興奮とか、そんな言葉では言い表せないほど、集中力が高まった、強さを感じさせる顔つきだ。車で二〇分ほどのスタジアムに向かう選手たちをホテルの玄関で見送ったが、サブのメンバーをふくめて全員がそんなふうに燃える顔つきになっているのを見てたのもしく思った。

選手たちを十四時に見送ったあと、急いで厨房に戻って弁当をパッキングして段ボールに詰めた。試合後、すぐに空港に向かってジョージに帰るので、食材や荷物のパッキングもすませて私もスタジアムに向かった。原川さんとともに、弁当を持ってＦＩＦＡが手配した車に乗り込み、ポリスエスコートに先導されてスタジアムに向かう。この交通方法はセキュリティのために決められていて、空港とホテルを往復するときにも白バイに先導されることが多い。

二〇分でスタジアムに到着した。スタジアムでは弁当と軽食のサンドイッチをロッカールームに入れたあと、ピッチに向かう通路でほかのスタッフたちとともに選手たちを待った。ロッカールームから出てきた選手たち全員から「やってやるぞ！」という意気込みを感じた。

闘莉王選手はミーティングを終えて部屋から出てきたとき、サポートスタッフたちの顔を見るといっそう闘志が燃え上がるのだそうだ。「スタッフたちのためにも、精一杯がんばってこよう」と腹に力を入れながらハイタッチする、と言っていた。ピッチに向かう選手たちの姿を「よし、勝ってくれ！　頼んだぞ！」と祈るような気持ちで見送った。

スターティングメンバーだけでなく、ベンチ入りしたサブのメンバーとも一人ひとりとハイタッチして見送ると、「育成枠」として帯同している香川真司選手、酒井高徳選手、山村和也選手、永井謙佑選手の四人、およびスタッフと一緒に、監督やサブのメンバーが座るベンチの背後にある席に座った。これまで海外遠征先の試合はスタンドで観戦していたのだが、今回はじめてベンチの後ろの席で見ることになった。

杉田先生はスタジアムの温度、湿度、風力を計測している。多方面のデータを集めることによって、将来に生かせる、という。

ブルームフォンテーンのフリーステイト・スタジアムに君が代が流れるとき、杉田先生に促されてスタッフ席にいる全員が、ピッチの選手、ベンチの監督やサブメンバーと同じように肩を組んだ。私たちまで緊張と興奮で武者震いした。

本田選手のゴールが入った瞬間、頭のなかが真っ白になって気づいたら隣に座っていた杉田先生と抱き合っていた。それからあとは「とにかくこのまま勝ってくれ」と祈るだけ。終了のホイッスルを聞くまでの長かったことといったら……。勝利の瞬間はスタッフ全員と抱き合い、ハイタッチした。

通路で戻ってきた選手たちを出迎えた。中澤佑二選手が「西さん、やったよ!」と言う。いい笑顔だ。闘莉王選手は「西さん、勝ったよ、勝った。西さんのごはんのおかげです」なんて言う。こんなときも本当におもしろい陽気な人だ。阿部勇樹選手はただぎゅっと手を強く握りしめてきて、それだけで思いが伝わってきた。遠藤保仁選手はいつもと変わらずクールで、興奮を外に表さず軽く握手をした。それでもほっとした様子と、つぎにかける闘志を感じた。

試合後はカレーで疲労回復。

試合後、スタジアムから直接空港に向かってチャーター機に乗り、ジョージのホテルに帰り着いたのは二十二時ごろだった。ジョージに残っていたスタッフたちも、ホテルの従業員たちも大喜びで迎えてくれた。だが、二十三時からの夕食の食事会場にやってきた選手たちはもう興奮がさめた表情で冷静になっていた。「つぎだ、つぎが大事だ」と誰からともなく言いだして、気持ちはもうオランダ戦に向かっていた。

試合後に必ず出すのがカレーだ。肉も野菜もたっぷり摂れるし、何よりも選手の誰もがカレーが好きで、たくさん食べてくれる。また試合があった日だけ、アイスクリームを出すことにしている。試合の前はおなかをこわしてはいけないので、生ものと冷たいものは出さないのだが、試合後だけは特別なサービスとしてアイスクリームを出すことにしているのだ。南アフリカでも試合後にはホテルに頼んで何種類も用意してもらった。ふだんは甘いものを食べないのに、試合後にはなぜか食べたくなる、という闘莉王選手はアイスクリームをとても喜んでくれる。ほかの選手たちもアイスクリームでほっとくつろいでいる様子だった。

6/15 TUE

西：ジョージ
日本代表チーム：ジョージでトレーニング

朝食

- ヘイクの塩焼き
- ボイルハム、ソーセージ
- マッシュルーム、グリルトマト
- ポテト
- パンケーキ
- 味噌汁（ネギ・ワカメ・豆腐）
- スープ
- 卵料理 LIVE
（オムレツ・目玉焼き）

昼食

- シルバーフィッシュの塩焼き
- ひじき入りハンバーグ （巻末レシピ）
- ローストチキン
- 豚バラ炒飯
- 味噌汁（ネギ・ワカメ・豆腐）
- スープ
- パスタ LIVE （巻末レシピ）
（バジル・トマト・ペペロンチーノ）

夕食

- キングクリップの塩焼き
- 天ぷら（イカ・エビ・野菜）
- ビーフストロガノフ
- ひじき煮
- 味噌汁（ネギ・ター菜・人参）
- スープ
- 焼き鳥 LIVE
- 味噌ラーメン LIVE
- パスタ LIVE （巻末レシピ）
（チーズクリーム・トマト・ペペロンチーノ）

カメルーン戦に勝利したことで、食事会場の空気がこれまで以上に明るくなった。あくまでそばで見ていて感じていることなのだが、勝てばすべてが好転し、負けると暗転してしまう。ワールドカップの初戦は本当に重要な一戦だ。

ドイツ大会ではテストマッチの結果がよくて「これは行ける！」という雰囲気だったのに、本番の初戦に敗れて空気が一転した。南アフリカ大会でのテストマッチはまったく結果が出なかったが、カメルーン戦の勝利後、すべてがいい方向に向かっていく予感さえ漂っている。そのちがいは何なのだろう？　と私はにぎやかな笑い声が響くようになった食事会場の光景を見ながら考えた。

シェフという私の仕事においては、ドイツ大会のときと南アフリカ大会のときとのちがいは、身も蓋もないが「経験の差」だ。衛生管理、食事づくりの手際、現地スタッフとの協力体制、食事会場設定、食材の手配、すべてにおいて経験の多少は大きい。周到に準備をしても、海外の遠征先では想像もつかないことがつぎつぎと起こる。予期せぬ出来事に対する心構えと、何が起こっても対処できるという自信は、経験によるものが大きいと思う。

経験を積むうちに、臨機応変に現地の食材を使いこなすことや、選手たちが食欲も体重も落とさないようなメニューを組むことなどもできるようになってきた。いろいろなメニューを出してきて、選手が喜んで食べるものとほとんど食べないものを見分けられるようにもなった。緊張を強いられ、ストレスがかかる海外での試合で、思う存分力を発揮できるかどうかは「食べられるかどうか」にかかっているといっても過言ではない。

ただし、私の経験の差が勝負に何らかの影響を与えるわけではまったくない。食はスタートの一歩にすぎないのだ。私はスタートを踏み切らせるために背中を少し押す仕事をしているだけだ。

今日は試合後ということもあり、思い切って夕食に天ぷらを揚げた。イカ、エビ、野菜の天ぷらはさくっと食べやすくて好評だ。ライブクッキングでは焼き鳥を出した。いつもの鶏肉も、串に刺してあるものを注文し、目の前で焼いてもらうだけで食欲も増すし、何より食事会場の雰囲気がにぎやかになる。

闘莉王選手や岡崎慎司選手が冗談を言って笑い声があがり、年下の森本貴幸選手が「いじられ役」になってみんなにからかわれ、また大きな笑い声があがっている。私も一緒に笑いながら、これは本当に「何もかもがいい方向に向かう」と予感が働いた。

6/16 WED

西：ジョージ
日本代表チーム：ジョージでトレーニング

今日はゴルフ場のダイニングで「スペイン・フェア」をやっていて、メインダイニングのシェフのグランツも調理場で朝から一人でパエリアをつくっている。数百人の来客があるとのことだ。

厨房で夕食の準備をしている私たちのところにグランツがやってきて「ホンダシ、プリーズ」と言う。コンロの前に塩、こしょう、醤油、酒とともに本だしの粉末を置いているのだが、私たちが和食をつくると、シェフたちは興味津々で味見をして「今何を入れた？」と聞く。本だしというだしの素だと言うと「ホンダシ、デリシャス」とすっかり気に入った様子だった。だが、今日のフェアでは和食は出ていないはずだ。「いったい何に使うのか？」と聞いても、「いいじゃないか。ちょっと分けてくれ」としか言わない。しかたなくアルミホイルに少し包んで分けてあげた。

何に使うのかと、今度はこちらが興味津々で見ていたら、なんとパエリアの上に本だしを

朝食

- ◆ヘイクの塩焼き
- ◆ボイルハム、ソーセージ
- ◆マッシュルーム、グリルトマト
- ◆ポテト
- ◆パンケーキ
- ◆味噌汁（ネギ・インゲン・豆腐）
- ◆スープ
- ◆卵料理 LIVE
（オムレツ・目玉焼き）

昼食

- ◆スナッパーのグリル
- ◆ベーコンとアスパラ炒め
- ◆ローストチキン
- ◆麻婆豆腐
- ◆中華風スープ
（もやし・ザーサイ・ネギ）
- ◆スープ
- ◆パスタ LIVE （巻末レシピ）
（ボロネーゼ・ペペロンチーノ）

夕食

- ◆サバの塩焼き
- ◆ヘイクの塩焼き
- ◆とんかつ卵とじ
- ◆寄せ鍋
- ◆パエリア
- ◆味噌汁（ネギ・玉ネギ・豆腐）
- ◆スープ
- ◆牛ヒレステーキ LIVE
- ◆パスタ LIVE （巻末レシピ）
（バジル・トマト・ペペロンチーノ）

ライブクッキングを手伝ってくれたシェフ・グランツ。

ぱらぱらふりかけるではないか！　たしかにパエリアは海産物主体ではあるが、そこになぜ本だしをかける？

そして私たちの夕食にも、スープから手をかけてつくったシェフ・グランツ特製の本物のパエリアを出した。選手たちも喜んで食べていた。

世界のあちこちの厨房で働いて「料理は世界中で使えるコミュニケーションツールだ」ということを実感する。私の英語は厨房で働きながら身につけたようなものだ。海外のサッカー選手が利用するＪヴィレッジで働き、サッカー日本代表に帯同するシェフになって海外遠征に出かけるようになり、実践を積むことで学んだ。サッカーでもボールを蹴り合うことで言葉が通じない人とも気持ちが通じ合うように、料理もコミュニケーションをとるために大きな役割を果たす。

世界各地の厨房で、料理人同士、つたない英語で話しながら意志の疎通がはかれるのは「食べることに対する興味が旺盛である」という料理人に共通する特性があるからだ。自分が知らない、食べたことがない料理をどうやってつくるのか？　どんな味なのか？　私も興味があるが、海外のシェフも強い興味を示す。これまでの遠征で、中国や韓国では照り焼きのたれのつくり方を教えてあげたこともあり、ベトナムのシェフからはフォーのつくり方を教えてもらった。南アフリカでもブルボスやダーバン・カレーのつくり方や料理法を教えてもらい、代わりにやはりたれのつくり方やラーメンのおいしさを教えてあげた。料理を通じたこういった交流があると、厨房での作業がとてもやりやすくなる。それに加えて自分自身、料理人としての幅が広がる。サッカーの戦術は日進月歩、というけれど、料理だってそうだ。つねに時代にあった料理を編み出していかないと、人に喜んでもらえる料理はできない。

パエリアに本だしはないだろう、と思ったけれど、食べてみたらそう悪くなかった。スペイン風の風味に和風だしが加わって、だしの相乗効果が出たのだろう。

6/17 THU

西：ジョージからダーバンに移動
日本代表チーム：ジョージでトレーニング

次戦、オランダ戦が行なわれるダーバンに先乗りするため、朝一番でジョージを出発。今日の朝食から夕食まで、今井シェフに任せた。

ダーバンはクワズール・ナタール州という南アフリカ西部の州にある街で、ヨハネスブルグについで人口が多い都会である。ジョージは海まで十キロほどある街で海の気配は感じられないが、一方ダーバンは海岸沿いにある港町だ。インド洋に面している重要な貿易港で、昔から交易で栄えてきた。インド洋をはさんでインドに対峙していることもあり、インド系住民がとても多く、八〇万人もいるとのことだ。南アフリカの人口全体にしめるインド系住民は一パーセントにすぎないが、その七割がダーバンに居住している。だからダーバンでは

朝食

- ヘイクの塩焼き
- ボイルハム、ソーセージ
- マッシュルーム、グリルトマト
- ポテト
- パンケーキ
- 味噌汁（ネギ・ワカメ・油揚げ）
- スープ
- 卵料理 LIVE
  （オムレツ・目玉焼き）

昼食

- スナッパーの塩蒸し
- チキンの白ワイン煮
- 焼餃子
- 肉じゃが
- 味噌汁（ネギ・豆腐・油揚げ）
- スープ
- ラムステーキ LIVE
- パスタ LIVE 巻末レシピ
  （トマト・クリーム・ペペロンチーノ）

夕食

- ホッケ焼き
- シルバーフィッシュの塩焼き
- オックステール
- 野菜たっぷり蒸し豚
  （味噌あん・胡麻酢）
- かき玉味噌汁（ネギ・ワカメ）
- スープ
- カラマリステーキ LIVE
- パスタ LIVE 巻末レシピ
  （バジル・トマト・ペペロンチーノ）

インド料理がよく食べられていて、なかでもダーバン・カレーは有名である……というようなことを、実は私はネットで検索していて出会った吉村峰子さんのブログで知った。

吉村さんのブログからは南アフリカの食材、料理事情など多くのことを教わった。とくに圧力鍋についての記事はとても役立った。高地のスイス合宿地からずっと選手たちの食欲が落ちないで今まで来られたのは、吉村さんのブログを読んで購入を決意した圧力鍋が大活躍しているおかげだ。だからダーバンに行くからにはぜひ直接会ってお礼を言いたいと思っていた。しかし試合をはさんでの滞在となると時間がかぎられる。もし時間に余裕があれば、吉村さんに空港でメールして会いたいと伝えるはずだったのだが、荷物の受け取りやセキュリティの確認などに時間がかかってその時間がなくなってしまった。

ジョージやブルームフォンテーンと比べると、ダーバンは大都会で実ににぎやかだ。だがホテルは街のなかにある典型的なビジネスホテルで、厨房が小さい。到着後さっそく厨房と食事会場を見せてもらった。ライブクッキングに使用できるような電磁調理器を用意してくれるように事前に頼んでおいたのだが、「電磁調理器」の意味が伝わっていなかったようだ。しかもダーバンは高地ではないのに、なぜかガスコンロの火力が弱い。日本から持参した電磁調理器一台だけでは、ライブクッキングで全員のうどんやパスタを再加熱することはむずかしいだろう。

夕食をとったあと、夜八時過ぎにセキュリティの高埜さん、原川さんをはじめスタッフ全員で、ホテルの目の前のショッピングモールに電磁調理器を探しに行った。くまなく探したけれど電磁調理器はおろか、簡易コンロも見つからなかった。明日、選手たちがやってきたときにどうやってライブクッキングで調理しようかと頭を抱えた。

また翌日の食事で使う予定の肉を発注したら、鶏肉も豚肉も冷凍でしかこないという。ダーバンはジョージと比べると年間を通して気温が高く、亜熱帯性の気候のためか腐るのを警戒して肉はすべて冷凍したものを使うらしい。五十人分の肉を解凍するのは一仕事だ。とりあえず明日使う分をシンクにつけて流水解凍することにした。

6/18 FRI

オランダ戦前日
西：ダーバン
日本代表チーム：ジョージからダーバンへ移動。午後から公式練習

朝食
- キングクリップの塩焼き
- ボイルハム、ソーセージ
- マッシュルーム、グリルトマト
- ポテト
- パンケーキ
- 味噌汁（白菜・油揚げ）
- スープ
- 卵料理 LIVE（オムレツ・目玉焼き）

昼食
- ヘイクの塩焼き
- 牛ヒレステーキ
- チキンのトマト煮
- 彩りパプリカの豚肉巻き
- グラタン
- 味噌汁（ワカメ・豆腐）
- スープ
- パスタ LIVE 巻末レシピ（トマト・ペペロンチーノ）

夕食
- ウナギの蒲焼き
- サーモングリル
- 牛ヒレステーキ
- 親子煮 巻末レシピ
- ラザニア
- とろろ
- 味噌汁（玉ネギ・ジャガイモ）
- スープ
- パスタ LIVE 巻末レシピ（トマト・ペペロンチーノ）

午前十時にチームがダーバンに到着し、十一時三十分には昼食をとる予定なので、朝に食事会場をセッティングしなくてはならない。ところがFIFAの要請により、ホテルのセキュリティをチェックすることが義務づけられている、と言って警官数人がドーベルマンを連れてやってきた。それまで食事会場に入ってはいけない、と言う。そんなセキュリティ・チェックなどはじめてだ。厨房が一階で、食事会場は二階なので、料理を運ぶ手間もいる。セッティ

ングにはふだん以上に時間がかかるというのに、チェックがなかなか終わらない。

ようやく終わったのが十一時。原川さんが皿やスプーン、フォークなどを並べるのを手伝ってくれ、ホテルのスタッフを大声で急がせたおかげで三十分でなんとかセッティングを終了。ほぼ同時に選手たちが食事会場にやってきて、予定していた時間に昼食を食べてもらうことができ、ほっとした。

ダーバンのホテルでは、驚いたことにジャポニカ米まで用意されていた。海外遠征でははじめてのことだ。使ってくれと言ってくれたが水加減が心配なので、やはり持参した使い慣れた米を使う。

調理場の野菜室には新鮮な野菜が山積みされていた。昼食につくったのは、彩りパプリカの豚肉巻き。色とりどりのパプリカを豚肉で巻き、カレー風味の味付けでソテーした。

手の込んだ一品だったが、人気は今一つだった。パプリカが多く肉が少なかったためかもしれない。手をかけた割にあまり食べてもらえずショックだった。まだまだ修業が足りないということだ。

昼食後、選手たちはダーバンのモーゼス・マヒダ・スタジアムまで公式練習に出発した。

6/19 SAT

グループリーグ第二戦オランダ戦
（ダーバン、モーゼス・マヒダ・スタジアム）

朝食＆軽食

- サーモンの塩焼き
- ボイルハム、ソーセージ
- マッシュルーム、グリルトマト
- ポテト
- パンケーキ
- 卵料理 LIVE
（オムレツ・目玉焼き）

- 銀ムツの西京焼
- チキンの塩焼き
- 焼サンド
- おにぎり（鮭・おかか・昆布）
- ホットケーキ
- コンソメスープ
- フルーツ
- うどん（もち）LIVE
- パスタ LIVE （巻末レシピ）
（トマト・ペペロンチーノ）

【試合後】
- 鶏もも唐揚げ弁当

夕食

- サンマの生姜焼き
- ヘイクの塩焼き
- シーフード炒め
- チキンカレー
- 味噌汁（ネギ・キャベツ・人参）
- スープ
- ポークステーキ LIVE
- パスタ LIVE （巻末レシピ）
（トマト・クリーム・ペペロンチーノ）

今日の試合のキックオフは十三時三十分。朝食のあとすぐ軽食用のライブクッキングでうどんやパスタをつくり、そのあと弁当を製作した。十二時三十分までにスタジアムに弁当を届けなくてはならないので大忙しだ。

懸念したライブクッキングだが、持参した電磁調理器一台と深さ十センチほどのバットを下から温める調理器を二台調達し、うどんを真空パックごと入れてあたためて調理するこ

電磁調理器が一台しかなく、四苦八苦しながらのライブクッキング。

とにした。乾麺になっていたうどんも持ってきていたので、それは一階の厨房でまずゆでて、二階の食事会場に持っていって汁をはって出した。選手たちをだいぶ待たせてしまって申し訳なかった。

軽食はいつもの試合前と同様、おにぎり、うどんとパスタを出す。中澤佑二選手は試合前にうどんとパスタの両方を、闘莉王選手はパスタを食べる。二人にはうどんの調理が終わるまで、パスタの調理を待ってもらった。

軽食のとき、森本貴幸選手が「あまり腹が減ってないいんすけれど、何か食ったほうがいいすよね？　何を食ったらいいんすか？」とほかの選手たちの様子をうかがっている。すると長友佑都選手が言った。「試合前には炭水化物だよ。うどんとかおにぎりとかしっかり食っとけ」。九〇分間ピッチを走り回る長友佑都選手のエネルギーの源は、試合前の炭水化物摂取にあるのだ。

弁当を詰め終わると、調理器具や残った食材などをパッキングしてロビーに出して、FIFAが手配した車で、警察に先導されスタジアムに向かった。ダーバンの白バイはものすごいスピードを出し、それについていく私たちが乗った車も時速一六〇キロの猛スピードで飛ばすのではらはらした。

丘を一つ越えると、眼下にインド洋のエメラルドグリーンの海原が広がっていた。ダーバンがリゾート地であることを実感させる風景だ。スタジアムもビーチのすぐそばにあり、海からの湿ったあたたかい風が吹いていた。

カメルーン戦のときと同様、ここダーバンのスタジアムでもブブゼラが大音響で聞こえた。スタジアムに一歩入ると、耳をふさぎたくなるほどの音で、すぐ隣にいる人と話もできない。カメルーン戦のときには試合会場から出たあともしばらく耳について離れなかった。オランダはかつて南アフリカを植民地として支配していたこともあり、またオランダ代表はワールドカップの優勝候補に挙げられる強豪であるためか南アフリカの人々の間で人気が高い。スタンドはオランダのチームカラーであるオレンジ色に染まっていた。ブブゼラがここではオランダを応援しているように聞こえる。

カメルーン戦と同様、監督やサブのメンバーが座るベンチの背後にある席でスタッフたちとともに観戦した。前半終了までは強豪オランダに攻め込まれてはいても、しっかり守り、機を見ては攻撃するという形ができていたように思う。後半は攻められる時間が長くなったが、ゴールキーパーの川島永嗣選手をはじめ、全員が身体を張って守っていた。先制点をとられてしまったが、これはスナイデル選手のミドルシュートをほめるしかないだろう。間近で見たスナイデル選手のシュートは、すばらしく威力があった。あれが世界のトップレベルの選手の力なのだ、と感心した。

ロッカールームに引き上げて行くときの選手たちは誰もが悔しそうだった。闘莉王選手は出迎えた私に「すみません、西さん。負けちゃいました」と謝った。だが、しょぼんと肩を落としている感じはなかった。

空港に向かうバスのなかで弁当を食べてもらい、夕方の飛行機でジョージに戻った。

全員揃っての夕食の前に、岡田監督から「負けたのは残念だったが、いい試合だった」と話があった。もうそのときには選手たちは気持ちを切り替えていて、「つぎだ、つぎ」という声があちこちから聞こえた。

6/20 SUN

西：ジョージ
日本代表チーム：ジョージでトレーニング

今日のおすすめメニューは夕食のライブクッキングで出した牛タン塩こしょう焼きだ。もう一つ、なごみのメニューとして醤油ラーメンを出した。ライブクッキングでタン塩を焼けばきっと選手たちに受けるだろうと思い、タンをまるごと二本注文した。無事に届いたのはよかったが、下処理するのにえらく手間取った。皮をむくのもたいへんだったし、何より薄くスライスするのに苦戦した。それだけ苦労したかいがあって、選手たちが皿を持っておかわりの行列ができるほどの人気だった。おかわりの第一陣にやや遅れてしまった闘莉王選手は、「え、西さん、もうタンはないんですか?」とがっくり肩を落とした。

タン塩焼肉は栄養の点から考えて出したメニューではない。ただ、日本を離れてからすでに一ヵ月もたち、通常のメニューにも飽きがきているだろうと思い、楽しんで食事をしてもらいたいと考えたメニューだ。ライブクッキングで出すのがいつも毎回焼肉ではさすがに食べる人が減ってしまう。だから、たまには焼き鳥やタン塩など、「こんなものがアフリカで食べられるの？」と皆が驚くような目先の変わったもので食欲を刺激することが必要ではないかと思っている。

なごみのメニューとして、選手にもスタッフにも大人気なのがラーメンだ。ラーメンはジョージの人たちにもすっかり気に入られた。「夕食に醤油ラーメンが出る」と聞きつけたホテルのマネージャーからフロント担当の従業員までが、選手たちの食事が始まる前にやっ

朝食

- ヘイクの塩焼き
- ボイルハム、ソーセージ
- マッシュルーム、グリルトマト
- ポテト
- パンケーキ
- 味噌汁（ネギ・ほうれん草）
- スープ
- 卵料理 LIVE
（オムレツ・目玉焼き）

昼食

- シーフードオイスター炒め
- ポークマスタードソース煮
- ローストチキン
- 豆腐とナスの肉みそがけ
- 茶碗蒸し
- 澄まし汁（ワカメ・玉ネギ）
- スープ
- パスタ LIVE 巻末レシピ
（チーズクリーム・ペペロンチーノ）

夕食

- 赤魚の粕漬け
- スナッパーの塩焼き
- ビーフシチュー
- 味噌汁（ネギ・ワカメ・豆腐）
- スープ
- 牛タン塩こしょう焼き LIVE
- 醤油ラーメン LIVE
- パスタ LIVE 巻末レシピ
（バジル・トマト・ペペロンチーノ）

てきて食べさせてもらえないか、とねだる。「こんなにうまいものは食べたことがない」とまで言う。選手が食べる分がなくなると困るので、とにかく選手が食べ終わるまではがまんしてほしいと頼んだ。私たちスタッフの分が足りなくてもかまわないのだが、選手の分は確保しなければならない。それにしてもラーメンがこれほど南アフリカで受けるとは！　南アフリカでラーメン屋をやったら結構繁盛するかもしれない。

人気のラーメンだが、中澤佑二選手はふだんからラーメンを食べないようにしているそうで、このときも「においをかぐだけでがまんします」と言って通り過ぎていった。中村俊輔選手も「ラーメンは大好きなんだけれど、自分の欲望に打ち克つことがエネルギーを生むと思うからがまんするよ」と言って手を出さなかった。精神的な強さを感じる。

夜、部屋に引きあげてから圧力鍋の件でお世話になった吉村さんにメールを送った。するとすぐに返事をいただいた。あたたかい内容で胸が熱くなったので、私のメールとともにここでご紹介しておきたい。

２０１０年６月20日　西芳照より吉村峰子様へ

こんにちは。
サッカーはいかがでしたか？
日本の勝利をプレゼントできなくて申し訳ございませんでした。しかしながら次につながる、実りある内容だったと思います。


私、サッカー日本代表の食事担当をしている西と申します。

南アの高地とスイス合宿でお米を炊くのに圧力鍋が必要だと気づかせてくれたのが吉村さんのブログでした。

選手の食欲も旺盛で大変重宝しております。試しに普通の炊飯器でも炊いたのですが、ちがいは歴然です。ウォーです。

勝手にYOSIMURA鍋と名づけました。

お礼を言いたくて試合二日前にお店にうかがおうと思っていたのですが、時間の関係で行けなくなってしまいました。

メールでたいへん失礼ではありますが、この場をお借りし御礼申し上げます。

次戦もルステンブルグ標高一五〇〇メートルです。

また活躍してくれます。


心に訴えるブログも拝見しております。

吉村様のますますのご活躍をご祈念申し上げます。

突然のメール失礼いたしました。

西芳照

以下が吉村さんからの返事である。

西芳照 様

おはようございます。
メールを拝見しました。
はじめまして、吉村峰子です。

なんてうれしいメールでしょう。
私の圧力鍋の情報が、こんな形でお役に立つなんて、想像もしていませんでした。

そうですか、西さんは、日本代表の食事を担当されているのですね。選手だけでも相当な人数になるのではないでしょうか。南アでの食材確保もなかなかむずかしいでしょう。いろいろな材料をご持参していることでしょうね。

はい、試合はとっても残念でしたが、今度のデンマーク戦に、大きな期待を抱かせてくれるすばらしい内容だったと思います。試合終了後、懸命に声を張り上げていた応援席も、一分くらいは皆が沈黙したのですが、その後、全員が首を縦に大きく振りながら、拍手をしていました。

多くの人が、「惜しかった、惜しかった、でも、いい試合だった」と言っていました。

今度のデンマーク戦はあのよく晴れた暖かいダーバンでのものとは一転し、寒いルステンブルグ、夜八時半からですね。今からちょっと心配もしていたのです。

でも、こうやって、西さんからメールをいただいて、選手たちにこんなに大きな味方がついていることを知って、心から安心しました。

私は母親を長年していて、子どもたちには、アフリカや日本のどんな土地に生活しても、毎日、ごはん、野菜、肉や魚などのシンプルではあってもバランスの取れた食事を食べさせてきました。

大きく成長した子どもたちを見ていると、たいていのことは、食事を通して子どもたちに伝わっている、と思うほどです。食べることは人間の基本中の基本ですね。

西さんの存在はこの慣れないアフリカでの大会を乗り切るため、選手たちに大きな意味があることでしょう。

長々と書いてしまい、ごめんなさい。でも、本当にうれしかったです。

こうなったら、日本代表には、デンマーク戦にも勝ち抜き、ベスト4に本当になるよう一日でも長く南アフリカでがんばってほしいです。

それではダーバンより、日本代表を心から応援しております。

ありがとうございました。

吉村峰子

6/21
MON

西：ジョージからルステンブルグへ移動
日本代表チーム：ジョージで一日オフ

朝食

- ヘイクの塩焼き
- ボイルハム、ソーセージ
- マッシュルーム、グリルトマト
- ポテト
- パンケーキ
- 味噌汁（ネギ・ワカメ・豆腐）
- スープ
- 卵料理 LIVE
（オムレツ・目玉焼き）

昼食

- ニジマスの塩焼き
- 豚ヒレのグリル
- チキンミラネーゼ
- 高野豆腐の親子煮
- 牛挽肉カレー風味グラタン
- 味噌汁（ナス・油揚げ）
- スープ
- パスタ LIVE 巻末レシピ
（トマト・クリーム・ペペロンチーノ）

夕食

- ヘイクのトマトソース煮
- ラムレバー（グレイビーソース）
- チキンパイ
- アサリの炊き込みご飯 巻末レシピ
- 味噌汁
（マッシュルーム・サツマイモ）
- スープ
- 焼餃子 LIVE
- パスタ LIVE 巻末レシピ
（バジル・ボロネーゼ・ペペロンチーノ）

朝、原川さんとともにつぎのデンマーク戦が行なわれるルステンブルグへ移動した。ジョージの空港からヨハネスブルグに飛び、そこから車でルステンブルグに入った。ルステンブルグはノースウエスト（北西）州にある街で、マーガリースバーグ山地のふもとにある。人口十三万人の小さな街で、アフリカの自然が満喫できるリゾート地だ。これまで行ったブルームフォンテーンとダーバンに比べると、いかにもアフリカらしい光景が広がっていて、空港からホテルまで車を走らせる間、草原のなかに動物を見かけては興奮した。

岡田監督が高地対策としてルステンブルグ入りのスケジュールを一日繰り上げると決めた。急な決定だったために予定していた宿泊先のホテルに入れず、チームは一泊だけ別のところに宿泊することになった。

初日に宿泊するのはクワ・マリテイン・ブッシュ・ロッジと言って、空港から一時間ほどのところにあるピランスバーグ国立公園の自然に囲まれたロッジ風のホテルだ。ピランスバーグ国立公園は広さが五〇〇平方キロメートルもあり、南アフリカ最大の広さとのこと。ロッジを一歩外に出ると、見えるところにシマウマが悠々と歩いているし、珍しい鳥が木々にとまっているのが見える。運がよければゾウを見ることもできるらしい。ヨハネスブルグから約一二〇キロ西方にあって、車を二時間ほど走らせれば来られるので絶好の観光地になっている。

観光用の施設というだけあって、ホテルの厨房は設備も整っていて、ブルームフォンテーンのホテルよりも厨房が広い。食事会場もライブクッキングができる設備と広さが確保されているので一安心だ。

ジョージでは和食のメニューとライブクッキングを今井シェフが調理した。今日のなごみのメニューとして、夕食のライブクッキングで餃子を焼くように指示を出してきた。鉄板が大きいおかげでお好み焼きや焼きそばや餃子は大量に焼けるし、パリッとした食感が楽しんでもらえる。餃子は行列ができるほどの人気だったようだ。

標高一四〇〇メートルのルステンブルグに入るため、高地対策メニューの一つとして、今日の夕食にアサリの炊き込みご飯とラムレバーを加えた。アサリはひじきと並んで鉄分を多くふくんでいる。レバーにも豊富に鉄分がふくまれている。どちらも高地で不足しがちな鉄分を十分に補ってくれるだろう。

いよいよグループリーグ最終戦となるデンマーク戦が四日後に控えている。明日午後にチームが到着する。チームの雰囲気がとてもいいので、きっと勝ってくれるだろうと私は信じている。

6/22 TUE

西：ルステンブルグ
日本代表チーム：ジョージからルステンブルグに移動

夕方チームが到着。高地対策のために帯同している杉田先生と、アスレティックトレーナーの早川さんが岡田監督に呼ばれて「高地順化は今の状態で大丈夫か？」と相談されたそうだ。岡田監督は「俺たちの勝負はデンマーク戦になる。低地のジョージでトレーニングした後、試合前日に高地のルステンブルグに行って果たしてどれくらい効果があるだろうか？不安だから一日早くルステンブルグに入ろう」と言ったという。「デンマーク戦に勝負がか

朝食

- ◆ヘイクの塩焼き
- ◆ボイルハム、ソーセージ
- ◆マッシュルーム、グリルトマト
- ◆ポテト
- ◆パンケーキ
- ◆味噌汁（ネギ・ワカメ・豆腐）
- ◆スープ
- ◆卵料理 LIVE（オムレツ・目玉焼き）

昼食

- ◆シイラの塩焼き
- ◆ローストチキン
- ◆春巻き
- ◆切干大根とザーサイ炒め
- ◆味噌汁（ネギ・カボチャ）
- ◆スープ
- ◆パスタ LIVE 巻末レシピ（トマト・クリーム・ペペロンチーノ）

夕食

- ◆サーモングリル
- ◆サンマの塩焼き
- ◆豚肉炒め
- ◆親子煮 巻末レシピ
- ◆レバーの煮つけ
- ◆味噌汁（カボチャ・豆腐）
- ◆牛ヒレステーキ LIVE
- ◆パスタ LIVE 巻末レシピ（トマト・ペペロンチーノ）

かっている」という岡田監督の思いが伝染して、私もふくめてサポートチーム全員に「やってやろう！」という気迫がいっそうみなぎっている。

ところで、岡田監督は味噌汁が大好物だそうだ。本人から直接うかがったことはないのだが、人づてに「味噌汁さえあればあとはいらない、というくらい好きだ」と聞いた。それが頭にあったわけではないが、試合日の昼食でスープを出す以外（キックオフが午後早い時間で、間をあけずに朝食と軽食をとるときの朝食もスープしか出さない）、ほぼ三食とも味噌汁を出し、具もできるだけ毎回ちがったものにするように心がけている。豆腐や油揚げ、ワカメなど日本から持参したものを利用することが多いが、南アフリカの野菜も大いに活用している。味噌も、現地で調達した赤味噌を二種類と白味噌、日本から持参した楢葉味噌の合計四種類を合わせたり、一種類だけで使ったりして毎回変えている。チームがルステンブルグに到着後に出した昼食でも、カボチャとネギを具にした味噌汁をつくった。

高地に来ると不足しがちな鉄分を補給するために、夕食ではレバーの煮つけをメニューに入れた。レバーは豚、鶏、ラムと種類を変えるだけでなく、煮つけ、辛味噌炒め、グレイビーソースをかけて洋風にするなど、調理法もいろいろ変えて出している。

今日のなごみのメニューは人気の高い親子煮だ。鶏肉とビタミンBの吸収を助ける玉ネギを使って煮込み、卵でとじた。素朴な料理ではあるが、そういうものこそ海外で食べたくなるものらしい。

夕食のライブクッキングでは、食事会場の外で肉を焼いた。煙が出るために食事会場では焼けなかったからだ。調理が終わると、選手やほかのスタッフが食べている間に、原川さんとともにつぎのホテルに移動する。つぎのホテルはバクブング・ブッシュ・ロッジという同系列のリゾート・ホテルだ。どの部屋のベランダからも動物の水飲み場が見えてアフリカらしい景色が楽しめる、とホテルのスタッフが教えてくれた。厨房で翌日の食事の仕込みをして深夜就寝。

6/23
WED

デンマーク戦前日
西：ルステンブルグ
日本代表チーム：ルステンブルグで午後から公式練習

朝食
- ヘイクの塩焼き
- ボイルハム、ソーセージ
- マッシュルーム、グリルトマト
- ポテト
- パンケーキ
- 味噌汁
（ネギ・インゲン・ジャガイモ）
- スープ
- 卵料理 LIVE
（オムレツ・目玉焼き）

昼食
- 牛ヒレステーキ
- チキンの塩焼き
- 銀ダラの照り焼き
- 野菜たっぷり肉じゃが （巻末レシピ）
- 味噌汁（ネギ・ワカメ・豆腐）
- パスタ LIVE （巻末レシピ）
（トマト・ペペロンチーノ）

【軽食】
- おにぎり（鮭・昆布・梅）
- サンドイッチ
- フルーツ
- パンケーキ

夕食
- 牛肉と豚肉のすき焼き
- チキンの塩蒸し
- サバの塩焼き
- ウナギの蒲焼き
- 味噌汁（ネギ・玉ネギ・豆腐）
- スープ
- パスタ LIVE （巻末レシピ）
（トマト・ペペロンチーノ）

チームは前のホテルで朝食をとってすぐに移動してきた。自然公園のなかにあるホテルなので、昼食のときイノシシやシマウマが歩いている様子を食事会場から眺めて楽しんでいた様子だ。午後四時半から軽食をとったあと、公式練習のためスタジアムに出かけていった。

日本から応援に駆けつけられた高円宮妃殿下が、ヨハネスブルグから車で二時間かけてチームが宿泊しているこのホテルまで激励にいらした。日本サッカー協会の方に「せっかく

ルステンブルグの人気ホテルを支える、力持ちのシェフとスタッフたち。

だから妃殿下にも選手と同じものを食べていただいたらどうだろう？」と言われ、選手たちに出す予定の夕食メニューをお出しする。高円宮妃殿下はＪヴィレッジにもしばしばいらっしゃるので私とも面識があり、気さくにお声をかけてくださる。選手たちを思う熱い気持ちがお会いするたびに伝わってくる。

夕食は公式練習が終わって選手と監督がホテルに帰ってからの二十二時三十分から始まることになる。明日の試合にすべてがかかっているのだから、料理をするほうもすべてをかけよう、と決意してジョージからいつも以上に大量の食材を持ってきた。「今、出さないでいつ出すんだ」と思って、思い切って持参したものを全部出すことにする。チキンの塩蒸し、牛肉と豚肉の両方を使ったすき焼きだ。豚肉、鶏肉、牛肉すべて取り揃えた豪勢なメニューになった。スタッフから「西さん、気合い入っているねえ」と声をかけられる。たしかにいつも以上に気合いは入っている。

ライブクッキングではパスタの種類も増やした。闘莉王選手はトマトソースのペンネが大好きで「ピリ辛味が最高！」と言う。また長谷部誠選手は「西さんのペペロンチーノが大好きです」と言ってくれる。種類を増やしたおかげか、選手もスタッフも皆おかわりをした。食欲は大きな試合の前でもまったく落ちない。たいしたものだ。

長い目で見たとき、明日のデンマーク戦は日本のサッカー界にとって一つの節目となる試合になるだろう、という気がする。サッカーにくわしくない私でも、明日の試合は単にワールドカップの一試合というだけでなく、日本のサッカーの未来がかかっている「山場の試合」なのだという空気が伝わってくる。

だが、選手やほかのスタッフは落ち着いたもので、むしろリラックスしていると言ってもいい。「今までの試合とちがって、とにかく勝たなくちゃいけないのだからわかりやすい」「やることがはっきりしているから、かえってやりやすい」という声が選手から聞こえる。頼もしさを感じた。この落ち着きと自信ならば、きっと勝ち抜けるだろう、と確信した。

ライブクッキングで急に右端のコンロが使えなくなるアクシデントが。

6/24 THU

グループリーグ第三戦デンマーク戦
(ルステンブルグ、ロイヤル・バフォケン・スタジアム)

いよいよ今日はデンマーク戦だ。キックオフは二十時三十分。朝食、昼食をとったあと、午後五時すぎに軽食をとってからミーティングをし、スタジアムに向かうことになっている。今日も昼に高円宮妃殿下がいらっしゃる予定で、選手の軽食と同じメニューを召し上がることになっている。

昼食には選手の好物を並べた。とろろは毎回選手からリクエストが出るメニューだ。ごはんがすすむし、精力がつくような気がするからだという。チキンの照り焼きも人気メニューだ。甘辛いたれで食がすすむらしい。昼食のときはまだいつもとあまり変わらずリラックスした雰囲気だった。

だが、十八時からのミーティングが終わって出てきたときには、いつもの試合前と同じく「闘う顔」になっていた。

選手たちとともに、スタッフもスタジアムに向かった。早川さんとドクターたちが乗る車に同乗させてもらう。

試合会場となるロイヤル・バフォケン・スタジアムはホテルから車で十五分ほどのとこ

朝食

- キングクリップの塩焼き
- ボイルハム、ソーセージ
- マッシュルーム、グリルトマト
- ポテト
- パンケーキ
- 味噌汁（ネギ・サツマイモ・油揚げ）
- スープ
- 卵料理 LIVE
（オムレツ・目玉焼き）

昼食

- 塩鮭焼き
- 牛ヒレステーキ
- チキンの照り焼き （巻末レシピ）
- とろろ
- 味噌汁（ネギ・キャベツ）
- スープ
- パスタ LIVE （巻末レシピ）
（ボロネーゼ・ペペロンチーノ）

【軽食】

- うどん
- おにぎり（鮭・昆布・梅）
- サンドイッチ
- フルーツ
- パンケーキ

夕食

- ヘイクの塩焼き
- チキンチーズ焼き
- ポークカレー
- 味噌汁（ネギ・ワカメ・豆腐）
- スープ
- パスタ LIVE （巻末レシピ）
（トマト・クリーム・ペペロンチーノ）

ろにある。こぢんまりしたスタジアムで、周辺にはアフリカらしい自然が広がっている。街から二〇キロも離れていて交通の便が悪いこともあり、スタジアムには空席が目立つ。だが、心強いことに日本人の応援団が日の丸を振り、サムライブルーのユニフォームを着て陣取っているのが見えた。こんなところまで応援に来てくれて、本当にありがたいと思う。周囲にいる南アフリカの人たちも、日本を応援してくれているようだ。

試合前はこれまでと同じように、スタッフたちと一緒に肩を組んで君が代を歌った。本田圭佑選手のフリーキックが決まったときには一緒に応援していたスタッフ全員でハイタッチし、遠藤保仁選手のフリーキックが入ったときにはほぼ勝利を確信した。岡崎慎司選手の美しいゴールが決まったときには、喜びがはじけた。

試合が終わって選手たちを出迎えた。中澤佑二選手が「西さん、やったよ! やりました!」と言ってきて、その顔を見て思わず抱き合った。私が帯同シェフになってからずっと見てきた選手の一人で、その努力や苦労にはいつも頭が下がる思いだ。ドイツ大会を経て、今回の大会にどんな思いでのぞんでいたのかがわかるだけに、言葉は短いが「やったよ!」という一言に込められているものが心に響く。阿部勇樹選手はもう涙、涙でなかなか言葉にならない。ただぎゅっと力強く握手して「西さん、やりました」と言ってくれた。長く代表に選ばれながらも、なかなか試合に出るチャンスがめぐってこなくて、ベンチにどんな思いで座ってきたかをよく知っているだけに、私も胸に迫るものがあって何も言えずにただ手を握り返した。阿部選手の涙には万感の思いが込もっていた。

ほかの選手とも、全員と抱き合って喜びを分かち合った。高円宮妃殿下も選手全員と抱き合っておられた。本当によくやった、やってくれた、という思いでいっぱいだ。

感激にひたるのもつかの間、夕食の準備があるために急いでホテルに帰る。いつもの試合後の食事と変わらず、カレーを用意した。食事の準備をしながら、気持ちがはずんだ。また今日は中村俊輔選手の誕生日なので、ホテルのパティシエにケーキを用意してもらっている。

夕食の準備をしながらも、つぎの試合に向けての食材の手配が気になる。日本から持参した食材や調味料はどれもなくなりかけている。米をはじめ、醬油、みりんや味噌も買い足さなくてはならないだろう。何日分用意しようか？　もちろん決勝までの分だ！　負ける気がしない。この調子なら日本代表チームはどんどん勝ち進むにちがいない！

夕食を食べ終わるころ、食事会場に選手、スタッフ全員が集まって、中村俊輔選手の三十二歳の誕生日を祝った。今日も原川さんがホテルに頼んでおいたので、従業員が十人ほどでハッピーバースデイを歌いながらケーキを運んでくれた。中村俊輔選手から何か一言、とふられた森本貴幸選手が「それではアフリカの歌を歌います」と言って、大久保嘉人選手の誕生日のときに覚えたという雄叫びとも思える大声をあげ、会場はいっそう盛り上がった。最高のお祝いになった。

6/25 FRI

西：ルステンブルグからジョージに移動
日本代表チーム：ルステンブルグからジョージに移動。午後トレーニング

ルステンブルグのホテルで朝食をとったあと、チームとともにジョージに帰った。オランダが三戦三勝でグループリーグの一位、日本が二勝一敗で二位になった。グループ一位ならばつぎの会場がダーバンとなってベースキャンプ地のジョージから移動しないことも考えられたが、二位の試合が行なわれるプレトリアは南アフリカ北部にあるためにジョージを引き払って移動することになった。その手配にスタッフは大忙しだが、スタッフルームにはこれまでの疲れが吹き飛んだようなはずんだ声が飛び交っている。

朝食時の食事会場には、もはや昨晩の食事会場にあったような祝賀ムードはなかった。つぎの対戦相手がパラグアイに決まり、すでにコーチの人たちは情報収集と分析に走っている。戦いはもう始まっているのだ。

そして私のほうも、食材確保の戦いが始まった。総務の津村さんと相談して、ヨハネスブルグにある日本料理店「だるま」に食材の手配をお願いすることにした。酒、醤油、みりんの調味料のほか、キムチ、漬物、魚を発注した。プレトリアのホテルまで持ってきてもらうことにする。発注するとき、津村さんに「ベスト4までの分量にしますか？」と聞くと、「いや、決勝までを注文しましょう！」という力強い言葉が返ってきた。

ジョージに帰ると、ホテルの人たちだけでなく街の人たちも日本の決勝トーナメント進出を喜んで歓迎してくれた。厨房でも「よかったな！」「やるじゃないか、日本！」とシェフたちに肩をたたかれた。明日から新しいステージでの戦いが始まる。

昼食はジョージのシェフたちが用意してくれた。夕食は、残っていた日本からの持参食材に地元の食材を足して調理した。そのせいかどうか、いつも以上にパスタが人気となる。闘莉王選手がチキンのクリーム煮を「うまいです」と言って食べる。グラタンやクリームソース系の料理が好きなのだそうだ。

明日はジョージを引きあげてプレトリアに移動する。私は六月四日から、チームは六日か

朝食

- ヘイクの塩焼き
- ボイルハム、ソーセージ
- マッシュルーム、グリルトマト
- ポテト
- パンケーキ
- 味噌汁（カボチャ）
- スープ
- 卵料理 LIVE
（オムレツ・目玉焼き）

昼食　ジョージシェフ調理

- キングクリップの塩焼き
- ビーフストロガノフ
- チキンの塩焼き
- グラタン
- 味噌汁（ワカメ・豆腐）
- 牛ヒレステーキ LIVE
- パスタ LIVE （巻末レシピ）
（バジル・トマト・ペペロンチーノ）

夕食

- ホッケ焼き
- ヘイクの塩焼き
- ポークグリル
- チキンのクリーム煮
- シーフード中華炒め
- 味噌汁
（ネギ・マッシュルーム・人参）
- スープ
- チキンバーベキューソース LIVE
- パスタ LIVE （巻末レシピ）
（バジル・トマト・チーズクリーム・ペペロンチーノ）

ら、二十日以上お世話になった。街もホテルの従業員も皆ホスピタリティがあふれていて、とてもすごしやすい滞在先だった。

シェフ・グランツがおみやげに、とダチョウの卵をくれた。もちろん中身は抜いてある殻だけだ。赤ちゃんの頭くらいある大きさで、深緑色をしている。そういえば「ダチョウの肉を出したらどうか？」と聞かれたこともあったな、などと思い出しながらありがたくいただいた。前に厨房のスタッフ全員と記念撮影をしたときの写真をパネルにしたものも頂戴した。いい記念になった。

ホテルのスタッフたちも全員笑顔で握手を求め、決勝トーナメントでもがんばってくれ、と口々に声をかけて激励してくれる。

居心地がよかったジョージを去るのが少しさびしいが、それ以上に、この先何が待ち受けているだろうかと期待にわくわくと胸が躍る気持ちのほうが強い。片づけと荷物出しに追われて、結局ほかのスタッフたちとともに徹夜した。いささか疲労を感じる。

日本代表のサポーターになってくれたシェフ・グランツ。

6/26 SAT

西：ジョージからプレトリアに移動
日本代表チーム：ジョージでトレーニング

プレトリアは「南アフリカで一番治安がいい都市」と言われている。たしかに街は清潔で整然としている。大学があるので、学生が多いそうだ。滞在先は街中にある高級ホテルだ。ライブクッキングも問題なくできるだろう。

　午後、注文していた食材を「だるま」の方二人がホテルまで届けてくださった。大きな発泡スチロールに二箱ある。すぐにホテルの貯蔵庫に入れさせてもらう。すぐ近くにスーパーマーケットがあるので食材を探しがてら見に行った。かなりいろいろなものが揃っていて、キムチや米、醤油まで売られていた。韓国人や中国人の居住者が多いらしい。

　ジョージでのチームの昼食には、今井シェフが久しぶりに天ぷらを揚げた。豚天や野菜天

朝食

- ◆ヘイクの塩焼き
- ◆ボイルハム、ソーセージ
- ◆マッシュルーム、グリルトマト
- ◆ポテト
- ◆パンケーキ
- ◆味噌汁（ネギ・ワカメ・豆腐）
- ◆スープ
- ◆卵料理 LIVE（オムレツ・目玉焼き）

昼食

- ◆キングクリップの塩焼き
- ◆チーズハンバーグ
- ◆豚肉と野菜の天ぷら
- ◆焼きそば
- ◆かき玉汁（キャベツ・豆腐）
- ◆スープ
- ◆牛ヒレステーキ LIVE
- ◆パスタ LIVE 巻末レシピ（バジル・トマト・ペペロンチーノ）

夕食

- ◆サンマの甘露煮 巻末レシピ
- ◆ポーククリームソース
- ◆ビーフと豆のシチュー
- ◆チキンシーフード炒飯
- ◆味噌汁（ネギ・サツマイモ）
- ◆スープ
- ◆カラマリステーキ LIVE
- ◆パスタ LIVE 巻末レシピ（トマト・バジル・クリーム・ペペロンチーノ）

は相変わらず人気だ。もう一つの人気メニューである焼きそばは、岡田監督の大好物だとうすうす気づいていたので大量につくって食べていただいた。

夜は闘莉王選手が大好きなカラマリステーキをライブクッキングで焼いた。おかわりしながら「このソースが絶品ですよ」とまたもや褒めていたそうだ。

6/27 SUN

西：プレトリア

日本代表チーム：ジョージからプレトリアに移動。午後トレーニング。

朝食

- ◆スナッパーの塩焼き
- ◆ボイルハム、ソーセージ
- ◆マッシュルーム、グリルトマト
- ◆ポテト
- ◆パンケーキ
- ◆味噌汁（アサリ・ワカメ・豆腐）
- ◆スープ
- ◆卵料理 LIVE（オムレツ・目玉焼き）

昼食

- ◆ヘイクの塩焼き
- ◆サンマの塩焼き
- ◆牛ヒレステーキ
- ◆親子煮 （巻末レシピ）
- ◆グラタン
- ◆味噌汁（白菜）
- ◆スープ
- ◆パスタ LIVE （巻末レシピ）（トマト・ペペロンチーノ）

夕食

- ◆赤魚の粕漬け
- ◆ヘイクのピカタ
- ◆牛ヒレステーキ
- ◆フライドチキン
- ◆ラザニア
- ◆味噌汁（ネギ・絹さや・豆腐）
- ◆スープ
- ◆パスタ LIVE（クリーム・明太クリーム）

チームは十二時にプレトリアのホテルに到着し、すぐに昼食のために食事会場にやってきた。和食のメニューとして、親子煮をつくった。

また南アフリカに入ってからずっと中国米を使ってごはんを炊いてきたのだが、プレトリアに移動したときに日本大使館を経由して韓国米を購入することができた。すると思いがけず、選手がごはんに敏感だということがわかった。岡崎慎司選手がごはんを盛りつけながら「西さん、今日の米はちがいますね」と気づいたのだ。米のちがいが見ただけでよくわかるなと感心していたら、つぎにキムチを見て「あれ？　キムチも今までとちがう！」と岡崎選手がまたもや鋭く指摘して驚いた。キムチも「だるま」で購入したものだ。見た目だけでなく、キムチの味もそれまで出してきたものとちがっていておいしく感じたのかもしれない。出した分があっという間に売り切れた。

キムチのことで思い出したが、今回ワールドカップに出場した日本と韓国は、南アフリカで入手できる食材の情報を交換するなどスタッフ同士で交流があり、お互いに助けられた。

6/28

MON

パラグアイ戦前日

西：プレトリア

日本代表チーム：プレトリアで午後から公式練習

朝食

- キングクリップの塩焼き
- ボイルハム、ソーセージ
- マッシュルーム、グリルトマト
- ポテト
- パンケーキ
- 味噌汁（ネギ・ジャガイモ）
- スープ
- 卵料理 LIVE
（オムレツ・目玉焼き）

昼食

- 銀ダラの西京焼き
- ヘイクの塩焼き
- ローストチキン
- 豚肉じゃが
- 味噌汁（豆腐・ネギ・ワカメ）
- スープ
- 塩ラーメン LIVE
- パスタ LIVE （巻末レシピ）
（トマト・ペペロンチーノ）

夕食

- ウナギの蒲焼き
- 牛ヒレステーキ
- ローストチキン
- 鶏豆腐
- 鶏レバーの辛味噌炒め （巻末レシピ）
- とろろ
- 味噌汁（ネギ・カボチャ・人参）
- スープ
- パスタ LIVE （巻末レシピ）
（バジル・トマト・ペペロンチーノ）

明日は日本にとって決勝トーナメント一回戦となるパラグアイ戦だ。選手たちは昼食後、スタジアムに公式練習に出かけていった。

試合前だから、というわけでもないが気合いを入れてもらうために昼食にラーメンを出した。ラーメンはこの大会ではラッキーメニューになりつつある。選手たちの人気も抜群だ。「つぎ、ラーメンはいつですか？」と私に直接聞いてくるのは大久保嘉人選手しかいないが、選手同士では「西さん、つぎにいつラーメンを出してくれるかなあ」と言い合っているらしい。だから、今回も気合いを注入するつもりで出してみた。

もう一つ、試合前のメニューとして夕飯にはウナギを出した。「だるま」経由でウナギをあらたに仕入れることができたおかげだ。これまで以上によく食べてもらえる。

夕飯にはウナギやステーキのほか、鶏豆腐や鶏レバーの辛味噌炒めなど品数を増やしていつも以上に張り切って調理した。食事会場にやってきた早川さんが、品数多く並んだビュッフェを見て「お、西さん、今日も勝負かけましたね」と言う。負けたら終わりのトーナメントなのだ。一戦一戦が今まで以上に勝負のかかった試合になる。

選手たちの様子はふだんと変わらない。落ち着いてリラックスしている。決勝トーナメントに進んだことで浮かれている様子も見られない。少なくとも食事会場では本当にふだんとまったく変わらない様子で食事が終わっても皆が談笑していた。

6/29 TUE

決勝トーナメント　ラウンド16　パラグアイ戦
（プレトリア、ロフタス・ヴァースフェルド・スタジアム）

いよいよラウンド16の試合だ。きっと勝ってくれるだろう、と期待に胸をふくらませながら昼食のライブクッキングでパスタを調理する。選手たちは緊張している様子もなく、いつ

朝食
- ◆サーモンの塩焼き
- ◆ボイルハム、ソーセージ
- ◆マッシュルーム、グリルトマト
- ◆ポテト
- ◆パンケーキ
- ◆味噌汁（ネギ・ワカメ・豆腐）
- ◆スープ
- ◆卵料理 LIVE（オムレツ・目玉焼き）

昼食&軽食
- ◆銀ムツの塩焼き
- ◆チキンの照り焼き（巻末レシピ）
- ◆おにぎり（鮭・昆布・梅）
- ◆サンドイッチ
- ◆味噌汁（ネギ・サツマイモ）
- ◆スープ
- ◆うどん LIVE
- ◆パスタ LIVE（巻末レシピ）（トマト・ペペロンチーノ）

夕食
- ◆ソールの塩焼き
- ◆牛ヒレステーキ
- ◆豚バラ焼肉
- ◆チキンカレー
- ◆かき玉味噌汁（ネギ・豆腐）
- ◆スープ
- ◆パスタ LIVE（巻末レシピ）（トマト・クリーム・ペペロンチーノ）

もと同じように私に冗談を言ったり、選手同士でふざけたりしている。

これまでと同様、選手たちに軽食を出したあと私もスタッフとともにロフタス・バースフェルド・スタジアムに向かった。負ければ終わりの試合だが、チーム全体に「ぜったいに勝つ！」という気迫が漂っていて、私も「負けるなんてありえない」と信じていた。

パラグアイの選手の五本目のPKが決まったのを見届けて、すぐスタジアムを出て駐車場に降りた。夕食の準備をするためだ。

日本代表の南アフリカ大会はこれで終わった。ここまでがんばったのだから、本当によくやったと思う。選手たちをあたたかく迎えよう。

延長戦からPK戦まで行ったので時間が押している。ただちにホテルに戻らないと間に合わない。気が急くのだが、先導するパトカーが見当たらない。探し回っているうちに時間がなくなり、先導なしでハイヤーでホテルに帰った。

夕食は南アフリカでとる最後の晩餐となった。牛ヒレのステーキだけでなく、選手たちが好きな豚バラ肉の焼肉もつくった。

スタジアムから帰ってきた選手、監督と、スタッフ全員が夕食の席についた。岡田監督が食事の前にあいさつをした。選手とスタッフ全員に「みんな本当によくやってくれた。このメンバーでやれて本当によかった。PK戦で敗退することになったのは、きっと俺が何かもう一つ持っていなかったのだと思う」といった内容だった。涙を浮かべて話す岡田監督の姿に胸を打たれた。また選手たちには「人間万事塞翁が馬、という言葉がある。これからも困難なことやつらいことにぶつかるだろうが、それを乗り越えようとチャレンジすることで未来が開ける。チャレンジする精神を忘れないでほしい」という言葉を送られた。

岡田監督は食事会場をまわって、選手、スタッフの一人ひとりと握手しながらねぎらいの言葉をかけていた。

私のところに中澤佑二選手がやってきて「食事を食べ終わるまでワールドカップは終わりませんよ、西さん」と言ってくれた。食事も選手の仕事の一つだ、という信念を持つ中澤選手らしい言葉で、聞いた私はうれしかった。選手やスタッフ一人ひとりにパスタをつくって渡しながら「お疲れさまでした」と声をかけた。早川さんが握手を求めて「負けちゃったよ。西さん」と言った。私は握手しながら、目頭が熱くなるのを感じた。そうか、終わったんだな。

夕食が終わったあと、ホテルのラウンジでメディカルスタッフの方たちと一緒に飲んだ。久しぶりに飲んですぐに酔いがまわった。全員から出てくる言葉は「お疲れさまでした」しかない。やりきった、というすがすがしい思いのなかに、少し苦さが残る酒だった。

6/30 WED

翌朝早く、ドクターや原川さんたちとともにチームとは別にドーハ経由で日本に帰国した。ほかのスタッフたちに見送られて、一足先にホテルをあとにした。

空港に向かう車からホテルの玄関を振り返って、やっとあらためて「これで終わったんだな」という実感がじわりとわいて、肩の力が抜けた。

南アフリカ大会を終えて学んだこと

ここまで私の南アフリカでの二十七日間を日記形式でご紹介しました。日本をたってからおよそ一ヵ月あまり。月並みな言い方ですが、長かったようであっという間でした。

帰りの飛行機のなかで、今回高地対策のためにスイスから南アフリカまで共に帯同した杉田正明先生といろいろ話をしました。三月のミーティングではじめてお目にかかって以来、とくに高地順化のためにどんな食事をとればいいのか、ということを中心に話をうかがってきたのですが、それが食事でどれくらい生かされ、どれくらい効果があったか、ということを聞きたかったのです。

杉田先生は「まだ効果がはかれるほどデータがない」とおっしゃいます。選手一人ひとりの尿検査と血液検査を毎日行ない、環境の変化やトレーニング、試合での運動が身体に与える影響についてデータ化することは日本代表チームが今回はじめて行なった試みで、まだ発表できるほどの資料とはなっていない、ということです。ただ、一〇〇パーセント効果を確かめてからでないと実行しない、という姿勢でいれば、いつまでたっても実行できないことになる。計測データからある程度効果がありそうだ、とわかった時点で実行して試行錯誤を重ねることによって、本当の意味での「勝つための栄養学」の理論が成立するのではないかと考えている、と杉田先生は話されました。

「今、日本代表が食事に関してやっていることは、栄養学というよりも食事学かなあ」と言われました。何をどう食べれば一〇〇パーセントのパフォーマンスが保てるか、という「食事学」ではもう足りないのかもしれません。「どうすれば勝てる身体をつくれるか？」ということを突き詰めていく「スポーツ選手のための栄養学」が求められる時代に来ている、というのは私も帯同シェフとして働いて感じていることです。

料理人としてさらに上をめざしたい

ヨハネスブルグから日本に帰ってくる途中、ドーハでいったん飛行機を降りて乗り換えました。トランジットの時間が五時間ほどあるので、西鉄旅行の担当者である原川剛さんから「二〇一一年一月にドーハで開催されるアジアカップで、日本代表が滞在するホテルを見に行きませんか？」と誘われました。

まだそのときは私がアジアカップに帯同するかは正式に決まっていませんでした。私自身も南アフリカ大会で燃え尽きた感があったのですが、五時間も空港にいてもすることがないので行くことにしました。

すると、ホテル内を案内されて厨房設備を見ているうちに、「ここでどんな料理がつくれるか？」ともう考え始めている自分に気づいたのです。ワールドカップ南アフリカ大会が終わり、選手たちはつぎのステップに進んでいきます。それと同じように、私も前を向いて進んでいくのだ、とこのとき思いました。

一ヵ月ぶりに戻った日本は猛暑でした。娘たちが出迎えてくれて、やっと自分の家に帰った気がしてほっとしました。久しぶりに三人で食卓を囲んでいるとき、娘たちがまじめな顔で「お父さん、ワールドカップ、がんばったね。お父さんのことを誇りに思うよ」と言ってくれたのです。これまで私に向かってそんなことを言ってくれたことは一度もありません。思わず涙がこぼれました。娘たちのそんな一言は、私にとってはワールドカップのメダルくらい価値がありました。

七月末に日本サッカー協会に挨拶に行ったとき、総務の津村尚樹さんに「選手たちからことづかっているものがあるのでいらしてください」と呼ばれ、ワールドカップ南アフリカ大会で日本代表が着用したユニフォームを手渡されました。

南アフリカから帰国する前に選手たちの間から「西さんには本当にお世話になったから、感謝の気持ちをあらわそう」という声があがり、全員がサインをしてくれたそうです。私と同じ東北地方の出身である今野泰幸選手の15番のユニフォームに書かれていました。選手の皆さんの気持ちが込められていて、受け取ったときにその温もりを感じました。ありがたく受け取って、Jヴィレッジにさっそく飾りました。

ワールドカップ南アフリカ大会はベスト16で終わりましたが、日本代表チームはその成績に満足せず、もっと進化しようとさらなる努力を続けています。私も監督、選手、スタッフの皆さんに負けないように、また皆さんをサポートできるように、料理人としていっそう上をめざしていこう——サムライブルーのユニフォームを見ては、決意をあらたにしています。

終わりに

二〇一一年一月二十九日。私はカタール、ドーハのハリーファ国際スタジアムで、AFCアジアカップ2011の決勝戦、日本対オーストラリアを見守っていました。一月二日にカタールに入ってから約一ヵ月、サッカー日本代表は厳しい戦いを勝ち抜いてついに決勝の舞台に立ちました。決勝トーナメント進出が決まったあと、日本サッカー協会の津村尚樹さんから「西さん、一緒にスタジアムで応援しましょう」と言ってもらったのですが、「いや、その楽しみは決勝までとっておきます。だから必ず決勝に連れて行ってください」と答えました。そして日本代表チームは私の願いをかなえてくれたのです。

試合は序盤からオーストラリアに攻め込まれる展開でしたが、ゴールキーパーの川島永嗣選手をはじめ、ディフェンス陣がよく踏ん張って耐え、0対0のまま延長にもつれこみました。そして延長後半四分、途中交代で入った李忠成選手の見事なボレーシュートが決まりました。その後もオーストラリアの猛攻にさらされてひやひやする場面がありましたが、しっかりと守って勝利し、日本はついに四度目のアジアカップ優勝を飾ったのです。

試合終了後、ピッチで選手たち一人ひとりと抱き合い、ハイタッチをして優勝を祝しました。

すばらしい決勝ゴールを決めた李選手に「やったね！　おめでとう」と声をかけると、即座に「西さんのおかげです！」と言ってくれました。この言葉には、日々の食事をつくっている私への感謝に加えて、もう一つの意味が込められていました。実は李選手とは北京オリンピック最終予選のときに、一緒にベトナムに遠征したことがあります。二〇〇七年十一月十七日、ベトナム、ハノイで行なわれた対ベトナム戦で、李選手は二得点をあげる活躍でした。そのときのことを思い出したのだと思います。そして「西さんとは相性がいいんですよ」と晴れやかな笑顔を浮かべました。どちらも李選手の実力でとったゴールですが、そんなふうに言ってもらえると喜びもひとしおです。

今回のアジアカップでは終始雰囲気がよく、チームはとてもよくまとまっていました。優勝することができたのは、ザッケローニ監督のもとコーチや選手たちだけでなく、サポートスタッフもふくめてチームとして一つにまとまっていたおかげだと思います。

ワールドカップ南アフリカ大会でのよい空気と勢いが継続されていることが、食事会場でも感じられました。アジアカップでは若い選手たちが新しく召集されてチームは若返り、槙野智章選手や森脇良太選手などが「盛り上げ役」を買って出て、食事会場はいつもにぎやかでした。南アフリカ大会から引き続きチームキャプテンをつとめている長谷部誠選手をはじめ経験豊かな選手たちは、そんな若手たちが明るくのびのびと振る舞えるような空気をつくりながら、試合に向かうときには気持ちを切り替えて、緊張感と集中力を持つようにチームを引き締めていました。

ワールドカップ南アフリカ大会と同様、アジアカップでも勝負をかけた気合い注入のメニューを何回かつくりました。たとえば一月十九日、準々決勝カタール戦の二日前には餃子を二百個つくりましたし、一月二十六日には準決勝韓国戦に勝利したあと、決勝に向けて勢いをつけてくれ、という気持ちで巻き寿司をつくりました。日本代表の海外遠征で寿司を出したのはこれが二回目です。前回もＡＦＣアジアカップ２００４で、準決勝に向けての気合いを注入するためにつくったので、多少のゲン担ぎもありました。どちらのメニューも皆さんに喜んでもらいました。

またザッケローニ監督からの要請で、試合後すぐに炭水化物を摂取できるよう、ロッカールームにおにぎりを差し入れることを始めました。日本サッカー協会アスレティックトレーナーの早川直樹さんがザッケローニ監督から「試合直後に食べられるよう、ロッカールームでパスタをつくってほしい」と頼まれたそうです。イタリアのクラブチームでは、疲労回復を早めるために試合終了後選手がパスタを食べられるよう用意しておく、と話されました。カタールのスタジアムではさすがにロッカールームにパスタを差し入れるのはむずかしく、一人あたり二個ずつおにぎりを握り、試合直後に食べてもらいました。アジアカップでは中三日の厳しい試合が続きました。また準決勝や決勝では延長戦となり一二〇分の試合時間になったにもかかわらず、日本の選手たちが決勝戦の最後までしっかり走れたのは、一つにはおにぎりの効果があったのかもしれません。

李選手の決勝ゴールをアシストした長友佑都選手は、遠征中最後まで食欲が旺盛でした。試合前の軽食では、ライブクッキングで調理している私のところにやってきて「勝利のうどんをください！」と言ってはもち入りの力うどんを食べて試合会場に向かいました。延長、ＰＫ戦となった準決勝の対韓国戦の翌日、さすがに疲労しただろうと心配して「疲れはとれましたか？」と聞いたら、長友選手が「もう回復しました。大丈夫です」とけろりとした顔で言ったので驚きました。無尽蔵とも思えるスタミナは、試合前後にしっかりと炭水化物を摂取するなど、ふだんから食に対して心がけているおかげなのでしょう。

アジアカップ遠征では、個人的にも二つの新しい出来事がありました。一つはうれしい出来事で、今回はじめて遠征中に誕生日を迎えたのです。一月二十三日、四十九歳のバースデーを迎えた私を、チーム全員が祝ってくれました。ケーキに立てられたロウソクならぬ花火がいつまでもパチパチと火を放っていて照れくさかったのですが、日本を遠く離れたカタールの地で、日本代表チームとともに迎えた誕生日は感慨深いものでした。今野泰幸選手が皆を代表して「いつもおいしいパスタをつくってくれてありがとうございます」と祝いの言葉を送ってくれました。

もう一つは、はじめて痛みに苦しんだことです。遠征中、料理人の要とも言うべき右腕に急に痛みを感じて困惑しました。ありがたいことに、選手たちの治療やマッサージが終わってから、ドクターの柳田博美先生が診察し、アスレティックトレーナーの池内誠さんがマッサージをしてくださいました。夜、遅い時間まで一生懸命治療にあたってくれたお二人のおかげで、最後まで調理にあたることができ、チームの一員として支えられているのだ、という感謝の気持ちをあらためて強く感じました。

ワールドカップ南アフリカ大会が終わってから、サッカー日本代表はザッケローニ監督に代わり、新しく若い選手たちがチームに加わり、スタッフの顔ぶれも変わりました。そして新生日本代表としてはじめての大会となったＡＦＣアジアカップ２０１１で、見事に優勝という結果を出しました。

しかしチームには、この結果に浮かれている雰囲気はありません。これから二〇一四年ワールドカップブラジル大会をめざしてアジア地区予選が始まります。日本代表チーム内の選手同士の競争も激しくなるでしょう。サッカーの世界では、常に前進し、より高いところを目指していかねば、たちまち取り残されてしまいます。選手だけでなく、スタッフもその厳しさがよくわかっているので、浮かれることなどできないのだと思います。

サッカー日本代表の海外遠征に帯同するようになって七年がたちます。ワールドカップは二回、アジアカップは三回経験しました。経験は糧になっていますが、毎回遠征に出かける前には、「決してマンネリにならず、はじめての遠征のときと同じように新鮮な気持ちで緊張感をもって臨もう」と自分に言い聞かせています。

サッカーの世界と同様、料理の世界でも「これでいい」と満足してしまったら、そこで進歩は止まってしまいます。食べていただく方に新鮮な驚きと喜びを与えられるように、精進を怠ってはならない、と常に心しています。

料理人として、私の修業はまだまだ続きます。


私にとってはじめての著書となる本書のために、多くの方々にご協力をいただきました。忙しい時間をさいて快くインタビューに応じてくださった岡田武史元日本代表監督、阿部勇樹選手、田中マルクス闘莉王選手、中澤佑二選手、中村俊輔選手、長谷部誠選手、杉田正明先生、麻生英雄さん、原川剛さん、そして日本サッカー協会のスタッフの方々に深く感謝いたします。「サッカー日本代表専属シェフとしての経験を本にしませんか？」と声をかけてくれた白水社の杉本貴美代さんの尽力なくしては、本書は形にはなりませんでした。ありがとうございます。最後に、いつも私を支え励ましてくれる家族にも、この場を借りて心から感謝の気持ちを伝えたいと思います。

二〇一一年早春　福島Jヴィレッジにて

西芳照

追記

本書の制作が最終段階に入った二〇一一年三月十一日、東日本大震災が起こり、著者、西芳照氏が暮らす福島県でもたいへんな被害が出ました。幸い、西氏と家族は無事でしたが、西氏がこよなく愛している故郷の地が深い傷を負ったことに悲しみを禁じえません。

このたびの震災で亡くなられた方々に深く哀悼の意を表するとともに、被災された方々に心よりお見舞い申し上げます。そして、本書で西氏が「山の幸にも海の幸にも恵まれた土地」と紹介している福島が、一日も早く復興されることを願っております。

（白水社）

巻末付録

西流最強レシピ

西流定番人気メニュー

チキンの照り焼き

魚にも応用できる漬けだれが絶品！

材料

4人分

◆鶏肉（ムネまたはモモ）……320g（40g×8切れ）

Ⓐ
◆醤油……90cc
◆みりん……90cc
◆酒……90cc（清酒又は合成清酒）
＊料理酒は酸味でまずくなるので使わない。
◆砂糖……大さじ3

つくり方

1　鶏肉を一口大に四角く切る。

2　鍋にⒶを入れ、火にかける。吹きこぼれないように注意しながら半分の量になるまで煮詰め、とろーりとさせる。火を止めて冷ましたら、たれのできあがり。

3　**2**のたれに鶏肉を1時間漬け込む。このとき「おいしくなーれ」とつぶやくことが大切。

4　**3**を魚焼きグリルに入れ、中火で両面焼いてできあがり。焦げやすいので注意。

＊基本のたれは、ブリや銀ダラなど脂ののった魚の照り焼きにも最適です。
＊2のたれが冷めてから、おろしにんにくをひとかけ分入れると、メンズ好みのガーリック風味に。それ以外にも、あたり胡麻、おろし生姜、おろし玉ネギ、ハチミツなどを加えると、いろいろな味と香りのたれが楽しめます。

西流定番人気メニュー

サンマの甘露煮

骨までまるごと食べられて、
しっかりカルシウム補給！

材料
4人分

- ◆サンマ……2本（イワシの場合は4本）
- Ⓐ
  - ◆水……カップ1
  - ◆醤油……大さじ2
  - ◆みりん……大さじ2
  - ◆酒……大さじ2
  - ◆砂糖……大さじ2
  - ◆水あめ又はハチミツ……大さじ1
  - ◆生姜……1かけ

つくり方

1 サンマは頭を落とし、腹を開いて内蔵を取り除く。水を流しながら歯ブラシなどで血合いを除き、きれいなお腹にしたあと、三つから四つに切る。

2 1を熱湯にさっと入れて表面を白くし(霜降り)、水に落とす。

3 生姜はスライスしておく。

4 圧力鍋に1のサンマとⒶを入れ、強火にかける。ピーと鳴ったら、おもりが動く程度の火加減にして5分煮て、火を止める。そのまま冷めるまで置く。

5 ふたを取って煮つめる。

6 汁が少なくなってとろみがついてきたら、スプーンでサンマに汁をかけながら味をからませる。
骨までやわらかい甘露煮のできあがり！

〈圧力鍋がない場合〉
鍋にカップ3杯の水を入れ、2のサンマと大さじ2杯の酢を加える。1時間程コトコト煮て骨を柔らかくする。
Aを加えて強火にかけ、煮立ったら弱火にして煮つめればできあがり！

西流定番人気メニュー

なぜかおいしいペペロンチーノ

塩加減がポイントです！

材料

1人分

◆パスタ……80g
◆水……2ℓ
◆塩……小さじ4
◆オリーブオイル……15cc
◆にんにく……8g
◆鷹の爪（輪切り唐辛子でもよい）……少々

つくり方

1 にんにくはみじん切りにし、鷹の爪は種を除いて五つぐらいにちぎる。
2 大きめの鍋に湯を沸かし、塩を加えパスタを投入する。
3 フライパンにオリーブオイル、にんにくと鷹の爪を入れ、弱火でにんにくに火を通す。焦がすと苦くなるので焦がさないように気をつける。
4 **3** にパスタのゆで汁を30cc加え、オイルとなじませ火を止める。
5 パスタがゆであがったら（かたさはお好みで）**4** に入れる。ゆで汁とオイルを吸わせるように中火で加熱する。味をみて薄ければ、塩は入れずにゆで汁を加える。できあがり！

＊お好みでイタリアンパセリ、ツナなどを加えてもGood。

西流定番人気メニュー

親子煮

日本代表選手に
不動の人気メニュー！

材料

4人分

- 鶏肉（モモまたはムネ）……200g
- 玉ネギ……150g（1/2個）
- Ⓐ
  - だし（かつおと昆布）……120cc
  - 醤油……30cc
  - みりん……30cc
  - 砂糖……小さじ１
- 卵……２個

つくり方

1 鶏肉は火が通りやすいように一口大に薄くスライスする。
玉ネギは皮をむき縦半分に切ってから３mm幅に切る。
卵はざっくりかきまぜておく。

2 鍋にⒶと鶏肉、玉ネギを入れふたをして強火にかける。

3 鶏肉と玉ネギに火が通ったら卵を全体に加える。

4 再びふたをして半熟状態になったらできあがり！
ご飯にのせればおいしい親子丼になります。

＊１の卵にネギ、三つ葉などを加えると、さらにおいしくなります。
＊だしと醤油、みりんの割りは４：１：１。
市販のそばつゆを、つけそばの割りで薄めただしに砂糖をひとつまみ加えてＡのかわりにしてもＯＫ。

試合前日におすすめメニュー

野菜たっぷり肉じゃが

炭水化物とビタミンを
しっかり補給！

材料
4人分

- ◆じゃがいも……400g（中3～4個）
- ◆にんじん……200g（中1本）
- ◆玉ネギ……200g（中1個）
- ◆豚肉薄切り（モモまたはロース）……200g

Ⓐ
- ◆だし（かつおと昆布）……300cc
- ◆醤油……大さじ3と1/3
- ◆みりん……大さじ3と1/3
- ◆酒……大さじ2
- ◆砂糖……小さじ2

つくり方

1　じゃがいもは、皮をむいて六つに切る。にんじんは一口大の乱切りに、玉ネギは縦半分にしてから、1cm幅のくし形切りにする。豚肉は一口大に切る。

2　圧力鍋にⒶと豚肉を入れて強火にかけ、沸騰させる。アクを取り除く。

3　じゃがいも、にんじん、玉ネギを入れてふたをして加圧する。ピーと鳴ったら弱火にし、3分加圧して火を止める。

4　そのままの状態で圧力が抜けるまで20分待つ。

5　ふたを開けたら、ホクホク肉じゃがのできあがり！

〈圧力鍋がない場合〉
鍋に400ccのだし、Aの他の調味料、豚肉を入れて強火にかけ、沸騰させる。アクを取り除いたあと、野菜をすべて入れ、再度沸騰したら弱火にして約20分コトコト煮ればできあがり！

試合前日におすすめメニュー

本場仕込みのフォー

香辛料が味の決め手！
暑い日にもおすすめ。

材料
2人分

Ⓐ
- 鶏の手羽先……200g
- シナモンスティック……4g
- 八角……1個のうちの2かけ
- 水……6カップ

- 玉ネギ……半個（4分の1個は薬味用。小さくスライスしておく）
- フォー（乾麺）……90g
- コリアンダー（パクチー）……適量
- 浅ネギ（小口切り）……適量
- レモン汁……少々
- ニョクマム（またはナンプラー）……適量
- 塩……少々
- 砂糖……少々
- チキンスープの素……小さじ1
- 青唐辛子（小口切り）……適量

つくり方

1 フォーは水かぬるま湯につけ、麺がほぐれる程度に軽く戻す。
2 玉ネギは皮つきのまま、4分の1個分をオーブンで焼き目がつくまで焼いておく。
3 鍋に**2**とⒶを入れて強火にかけ、沸騰したら弱火にしてコトコト煮る。あくを丁寧に取る。
4 10分後に鍋から鶏の手羽先を取り出して、肉と骨に分ける。骨は鍋に戻してさらに10分弱火にかけ、骨についただしを煮だす。そのあと、ざるで濾す。
5 濾したスープにチキンスープの素を加え、塩少々で味をつける。
6 ニョクマム（またはナンプラー）と砂糖で味を調え、スープは完成。
7 **1**のフォーをゆで、軽く水にさらし、ざるにあげる。
8 ゆでたフォーを器に盛りつけ、**4**の鶏肉をのせてスープを注ぐ。
9 スライスした玉ネギ、浅ネギと青唐辛子、コリアンダー（パクチー）をお好みの量だけのせ、レモン汁を絞ってできあがり！

試合前日におすすめメニュー

辛くないエビチリ

油で揚げずに簡単ヘルシー。
ごはんがすすむおかずに！

材料
4人分

- ◆むきエビ……200g
- ◆片栗粉……少々
- ◆塩……少々
- ◆にんにく……1 かけ
- ◆生姜……1 かけ
- ◆ケチャップ……30g
- ◆鶏ガラスープ……30cc
- ◆砂糖……小さじ 1
- ◆こしょう……少々
- ◆オリーブオイル……少々
- ◆ネギ……適量

つくり方

1 にんにく、生姜、ネギはみじん切りにする。リズムにのってトントントン。

2 むきエビは、背わたを取り、片栗粉と塩少々でよくもむ。こうすることで、エビのプリプリ感が出る。

3 水でエビのにごりがとれるまで洗い流す。水分をふきとり軽く塩、こしょうをふったあと、片栗粉をまぶしておく。

4 フライパンに、にんにくと生姜のみじん切り、オリーブオイルを入れて強火でさっと炒め、鶏ガラスープとケチャップ、砂糖と塩少々を加えてケチャップソースをつくる。ここで味を確認する。ほんのり甘めだったらＯＫ。同時に別の鍋にお湯を沸かしておく。

5 **3**のエビを沸騰したお湯に入れ、八割程度火を通す。

6 **4**に**5**のエビを入れ、エビが真っ赤になったら、みじん切りのネギを加えてさっとあわせる。
はい、ヘルシーエビチリのできあがり！

女性にもおすすめ

鉄分たっぷりメニュー

鶏レバーの辛味噌炒め

にんにくと生姜が
レバーのくさみを消して、
レバー嫌いな子どもも
おいしく食べられます！

材料
4人分

- 鶏レバー……300g
- Ⓐ
  - 味噌（田舎味噌）……50g
  - 酒……大さじ 1
  - 砂糖……小さじ 4
  - にんにく……10g
  - コチュジャン……4g
  - 生姜……10g
- 長ネギ……20g
- 片栗粉……50g
- 胡麻油（サラダ油でもＯＫ）……大さじ 3

つくり方

1　鶏レバーは、5cm角程度の大きさにそぎ切りにしておく。
2　にんにくと生姜はすりおろす。長ネギは小口切りにして水にさらす。
3　Ⓐを混ぜあわせる。
4　切った鶏レバーに片栗粉をまぶす。
5　フライパンに胡麻油を入れ、熱したら**4**を入れる。レバーに火が通るまで両面を焼く。
6　皿にレバーを盛りつけ、**3**をかける。その上にネギを飾ってできあがり！

女性にもおすすめ

鉄分たっぷりメニュー

ひじき入りハンバーグ

みんな大好きハンバーグに
鉄分豊富なひじきを入れて貧血対策！

材料　5人分

- 牛ひき肉（粗びき）……500g
（牛豚合びき肉でも OK）
- 玉ネギ……200g（中1個）
- 牛乳……大さじ3
- パン粉……25g
- 卵……1個
- ケチャップ……小さじ4
- Ⓐ こしょう……1g
- Ⓐ 塩……小さじ1
- Ⓐ ナツメグ……1g
- ひじき（乾）……15g
- オリーブオイル
（又はサラダ油）……少々
- ハンバーグソース用
・ケチャップ……適量
・ソース……適量

つくり方

1　ひじきはたっぷりの水に約20分間つけて戻す。ざるにあげ、2回ほど洗ってから水気を十分に切る。

2　パン粉に牛乳を入れ、しみこませておく。

3　玉ネギをみじん切りにし、フライパンにオリーブオイルをひいて半生状態に炒めたら火を止め、冷ましておく。炒めすぎると歯ごたえがなくなってしまうので注意する。

4　ボウルに牛ひき肉、Ⓐを入れ、粘りが出ない程度に混ぜる。

5　**4**に卵、ケチャップ、**1**、**2**、**3**を加え、均一になるように混ぜる。

6　**5**を五等分にして、だ円形に整える。火が通りやすいように厚くならないようにする。

7　フライパンにオリーブオイルをひき、**6**を入れて強火で表裏の表面を焼いて肉汁を閉じ込めてから弱火にし、ふたをして蒸し焼きにする。

8　串を刺して、透明な肉汁が出るようになったら焼きあがり。

9　フライパンに残った肉汁にケチャップとソースを1対1の割合で入れ、温めてソースにする。
ハンバーグにソースをかけてできあがり！

女性にもおすすめ
鉄分たっぷりメニュー

アサリの炊き込みご飯

へム鉄（吸収されやすい鉄分）を
多く含むアサリを
生姜醤油の香りの効いた
炊き込みご飯で！

材料
4人分

- 米……2合
- Ⓐ
  - アサリ（殻付き）……200g
  - 醤油……小さじ5
  - 生姜……1かけ
  - 昆布……5×5cm
  - 酒……小さじ5
  - みりん……小さじ5
  - 砂糖……少々
  - 薄揚げ（油揚げ）……1/2枚
- 三つ葉……少々

つくり方

1 アサリはよく洗い、砂抜きをする。
2 米はといでおく。
3 生姜は千切りにする。
4 薄揚げは、縦半分に切ってから、細切りにする。
5 三つ葉は、さっと湯通しして、2～3cmに切っておく。
6 炊飯器に米と水300cc、Ⓐをすべて入れ、ざっと混ぜあわせ、スイッチオン！
7 炊き上がったら全体をざっくり混ぜる。
ご飯茶碗に盛りつけ、三つ葉を添えてできあがり！

著者の印税の全額は、東日本大震災の被災者に対する義援金として福島県南相馬市と広野町に寄付されます。

［著者略歴］
1962年福島県生まれ。高校卒業後に上京し、京懐石などの料理店で和食の修業を積む。
97年、福島県楢葉町に開設したナショナルトレーニングセンター、Jヴィレッジのレストランに勤務。99年、総料理長に就任。
2004年3月、シンガポールで行なわれたW杯ドイツ大会アジア地区予選にサッカー日本代表の専属シェフとして初めて帯同。以来、W杯ドイツ大会、W杯南アフリカ大会も含め、50回以上の日本代表の海外遠征試合に帯同し、選手やスタッフに食事を提供する役割を担う。

サムライブルーの料理人

サッカー日本代表専属シェフの戦い

2011年5月15日　第1刷発行
2014年6月25日　第9刷発行

著者　© 西芳照《にしよしてる》
発行者　及川直志
発行所　株式会社白水社
〒101-0052　東京都千代田区神田小川町3-24
電話　営業部　03-3291-7811
　　　編集部　03-3291-7821
振替　00190-5-33228
http://www.hakusuisha.co.jp
ブックデザイン　天野昌樹
印刷所　株式会社理想社
製本所　松岳社 株式会社 青木製本所

乱丁・落丁本は、送料小社負担にてお取り替えいたします。
ISBN978-4-560-08111-2　Printed in Japan

Ｗ杯までの３年にわたる知られざる戦い

サムライブルーの料理人
3•11後の福島から

西 芳照

故郷で被災し避難した後、原発事故の対応拠点Ｊヴィレッジに再び戻り、作業員に食事を提供し始めるも、待っていたのは過酷な現実だった。
ザックジャパンを支える専属シェフの３年間の戦い。
最強レシピ・福島郷土料理篇付！

白水社